Katharina Schaaf
„Ich bin ein Kelkheimer Bub"
ISBN 978-3-9818405-8-2

Herausgeber:
Magistrat der Stadt Kelkheim
Idee und Redaktion:
Dr. Beate Matuschek

Covergestaltung, Satz und Layout:
Christina Eretier
www.eretier.de

Verlag:
Edition Pauer
www.editionpauer.com
Kelkheim 2018
Alle Rechte vorbehalten

Druck:
TZ-Verlag, Roßdorf
www.tz-verlag.de

Katharina Schaaf

„Ich bin ein Kelkheimer Bub"

Ein Jahrhundert mit den Augen Josef Beckers

~~~~~~

Kelkheim 2018

Über die Autorin

Katharina Schaaf sucht immer wieder nach neuen Aufgaben und beruflichen Herausforderungen. Als Historikerin, Schauspielerin und Philologin findet sie kreative Wege der Wissensvermittlung, die sowohl unterhaltsam als auch informativ sind. Worte haben es ihr angetan, seit sie sich mit vier Jahren selbst das Lesen beigebracht hat – daher schreibt sie auch so gerne: Lyrik, Prosa und vor allem die eigenen Solotheaterstücke.

Aus einer Zeitzeugenbefragung für eines ihrer Stücke entwickelte sich die vorliegende belletristische Biographie eines ganz besonderen Mannes.

Grußwort

Wer von den älteren Kelkheimerinnen und Kelkheimern kennt Josef Becker nicht! Er war ein Kelkheimer Urgestein, sein Wirken hat in unserer Stadt viele Spuren hinterlassen.

Zeit seines Lebens fühlte er sich dem Franziskanerkloster auf dem Mühlberg hoch über Kelkheim verpflichtet. In Erinnerung an die Schließung des Klosters im Jahr 1939 durch die Gestapo, die Verbrennung von Dokumenten und die Vertreibung der Franziskaner durch die Nationalsozialisten setzte sich Josef Becker nach dem Krieg für die Renovierung der Klosterkirche (1960), die Anbindung des Klosters an die Alte Königsteiner Straße und die Gestaltung des Klostervorplatzes ein. Seit dem Jahr 1964 wird das Franziskanerkloster – das Wahrzeichen der Stadt Kelkheim – auf Initiative von Josef Becker weithin sichtbar angestrahlt.

Als Mitglied des Pfarrgemeinderates und der Kolpingfamilie engagierte sich Josef Becker aktiv für den Bau des Pfarrzentrums Sankt Franziskus in der Feldbergstraße (1964) mit Kindergarten, Pfarrverwaltung und Jugendräumen. Auch die Stadtkapelle in der Hauptstraße ist auf sein Betreiben renoviert worden.

Beweggrund für seinen ehrenamtlichen Einsatz war – wie er bekannte – Dankbarkeit für die Förderung, die er in seiner Jugend durch die Franziskaner erfuhr, und die glückliche Fügung, den Krieg überlebt zu haben.

Wer Josef Becker begegnete und mit ihm sprach, weiß, dass er neben Kelkheim auch das historisch Ganze im Blick hatte und seine Lebenserinnerungen gern im zeitgeschichtlichen Zusammenhang schilderte.

Josef (Seppel) Becker war von Beruf Polizist, der seinen Dienst seit 1945 bei der neu gegründeten Kelkheimer Polizei ausübte. Er selbst erzählte gerne, seine Stadt und ihre Bewohner bestens zu kennen. Seine sympathische und verbindliche Art wurde geschätzt, immer wieder konnte er Konflikte oder schwierige Situationen mit Augenmaß und Gelassenheit lösen.

Die Verdienste von Josef Becker wurden mit zahlreichen Auszeichnungen – vom Ehrenbrief des Landes Hessen (1986), dem Ehrenzeichen in Silber des Kolpingwerkes (1987) und der St. Georg-Plakette des Bistums Limburg über die Ehrenspange der Stadt Kelkheim (1998) bis zur Heinrich von Gagern-Plakette in Silber (2009) – honoriert.

Der Anregung von Kulturreferentin Dr. Beate Matuschek ist es zu verdanken, dass die Historikerin und Philologin Katharina Schaaf aus Frankfurt in zahlreichen Begegnungen die Erinnerungen von Josef Becker aufzeichnete. Das Resultat halten Sie in Händen: ein feinsinniges Buch, das aus dem Leben des ehemaligen Polizisten Josef Becker einfühlsam erzählt und uns mit seinen Augen die Geschichte unserer Stadt und dieses Landes miterleben lässt.

Albrecht Kündiger
Bürgermeister

Einleitung und Danksagung

Von einem „Kelkheimer Bub" soll hier erzählt werden, dessen Leben seinen Anfang nahm, als gerade der Erste Weltkrieg sein Ende gefunden hatte und sein Heimatort Kelkheim erst seit einiger Zeit über moderne Annehmlichkeiten verfügte – wie die Anbindung an die Höchster Kleinbahn, Straßenbeleuchtung und Kanalisation, feste Bürgersteige und Trinkwasserleitungen nebst Hydranten.

Diese Welt ist uns heute fern und wirkt im nostalgischen Rückblick manchmal geradezu idyllisch. Dass diese Idylle von vielen Schicksalsschlägen bedroht war und den Zeitgenossen immer wieder den Mut zu einem Neuanfang abverlangte, wird in vielen Details deutlich, an die sich Josef Becker mit manchmal erstaunlicher Sachlichkeit erinnern konnte.

Sprach man mit Josef Becker, so fielen einem gleich die lebhaften Augen und die bewegliche Stimme auf. Erzählte er von seinen reichen Lebenserfahrungen, so änderte er Gestik, Mimik und Stimmlage manchmal von einem Moment auf den anderen. Wenn er dabei etwa seinen Vater, verschiedene Lehrer oder Vorgesetzte imitierte, sah man diese schon lange verschwundenen Menschen durch ihn wieder gegenwärtig.

Es sind vor allem die Wendepunkte seines Lebens und bestimmte Themen (wie der Zweite Weltkrieg), die Josef Becker bis zuletzt, bis zum 98. Lebensjahr, noch so stark beschäftigten, dass seine innere Anteilnahme am Geschehen sich äußerlich in einem Talent zum Schauspielern und Nachahmen manifestierte, was seine Erzählungen so besonders lebendig machte.

Seine Geschichten sind durch ihre unmittelbare Anschaulichkeit und durch ihre Authentizität auch in unserem 21. Jahrhundert fesselnde Botschaften aus einer Welt, die nicht mehr viele

Zeitzeugen bewusst erlebt haben und übermitteln können. Um die Lebendigkeit seiner Erzählung ins Schriftliche zu übertragen, habe ich den Text durchgehend im Präsens verfasst. Um dennoch zwischen den Erlebnissen des jungen und den Reflexionen des alten Josef unterscheiden zu können, sind letztere durch Kursivschrift hervorgehoben. Was die Orthographie anbetrifft, hielt ich es für angebracht, teilweise auf die alte Rechtschreibung zurückzugreifen, die sich sowohl für die historischen Zusammenhänge als auch für die zahlreichen eingefügten Mundartzitate Herrn Beckers als angemessener erwies.

Die vielen Stunden, während derer Herr Becker mir aus seinem Leben erzählte, das nahezu ein ganzes Jahrhundert umspannte, haben mir einen neuen Einblick in die Erfahrungswelt dieser Stadt und ihrer Bewohner während der letzten hundert Jahre gewährt.

Ich danke daher Herrn Josef Becker ganz herzlich für seine unermüdliche Gastfreundschaft und seine Bereitschaft, mir seine Erinnerungen anzuvertrauen. Auf die Tonprotokolle unserer zahlreichen langen Gespräche stützt sich das folgende Buch.

Mein Dank gilt auch Frau Dr. Beate Matuschek, Kulturreferentin von Kelkheim, die die Aufzeichnung dieser Erinnerungen angeregt hat, und meinem Verleger, Herrn Paul Pfeffer, Herrn Stadtarchivar Dietrich Kleipa und Herrn Thomas Berger. Auch meiner Freundin Annina Schubert, die mir bei der Bearbeitung der Bilder aus Herrn Beckers Privatsammlung half, und meinen Eltern, Dr. Lothar und Frauke Schaaf, für das gemeinsame Korrekturlesen möchte ich auf diesem Wege danken.

Ich hoffe, dass möglichst viele Leser den Wunsch verspüren, diesen Erinnerungen nachzugehen und Kelkheim für sich vielleicht neu, vielleicht auch wieder, zu entdecken: in einem Jahrhundert mit den Augen Josef Beckers.

Leider verstarb Herr Becker am 3. April 2016 vor der Fertigstellung dieses Buches. Ich hätte mir gewünscht, ihm das fertige Exemplar vorlegen zu können. Eine seiner vielen Stärken war es, im Gespräch das Gefühl zu vermitteln, einem guten Freund gegenüberzusitzen. So ist es mir auch ein persönliches Anliegen, seine Stimme in diesem Buch für die Leser weiterklingen zu lassen.

Katharina Schaaf, August 2018

INHALT

Kapitel I
Ein Anfang in Kelkheim – Jahrhundertwende und Nachkriegswehen

Das junge Jahrhundert – Erste Schritte 19
Die frühen Jahre – „Mein Vater kam aus dem Krieg zurück,
und ich war seine erste Arbeit" 22
„Und da war ich nur noch der einzigste Bub, und da war ich
der Stolz meines Vaters." 27
„Handwerker, das kommt von de Händ!" – Familienleben
und die Schreinerei 29
„Ruhe, Ruhe, Ruhe!" – „Meine Kinder sollen sich bewegen!" 33

Kapitel II
Die hungrigen Zwanziger – Kindheit in der Inflation

„Eva, ich baue!" – Zukunftswege für die Kinder 39
„Wir waren kleine Leute, aber Not hatten wir keine!" –
Hasenbrot und Eingemachtes 45
„Herr Wirt, en Schobbe mit Rippche un Kraut!" –
Vom „Luxusleben" der Schreiner 52
„Und da war die Eisenbahn kaputt." – Kein Geld für Extrawünsche ...55
„Klunscher, Lichtspiel, Grammophon" – Konsum in Kelkheim 59
„Klickers, Dobsch und Rasselbock" – Gespielt wird immer 62
„Ene, Mene, Tintenfaß" – Vom Ernst des Lebens 68
„Becker! Becker!": Mörike und Rohrstock – Krieg im Klassenzimmer ...71
„Du bekommst emol des Haus." – Jugendträume und eine
schwere Hypothek 74

Kapitel III
Die unruhigen Dreißiger – Jugend im Nationalsozialismus

„Raustreten, raustreten!" – Das Ende der Schulzeit 79
„Man kann sich verlieben!" – Handwerk hat goldenen Boden 82
„Ich war ein toller Tänzer!" – Lieber Tango als Marschieren 85
„Ist denn das richtig?" – Zweifel an den „Braunen" 88
„Da hab ich mir das Maul verbrannt!" – Abschied von Kelkheim 90
„Mit dem Adolf, des war nix!" – Die neue Macht 92
„Ihr baut doch Autobahnen?" – Auf Arbeitssuche 94

„Es lebe Kelkheim!" – Vertreibung aus dem Kloster 96
„Hau-ruck, der Westwall steht!" – Arbeitsdienst in Trier 98
„Der langsamste Schritt ist der Laufschritt!" – „Maskenball" und Schikane . 101
„Der Teufel treibt sein Spiel!" – Späte Genugtuung 103
Der Krieg regt sich – Geschütz in Stellung 104
„Du Simbel, was gehste dann zu den Pionieren?" –
Ein Himmelfahrtskommando? 106
„Was eine Frau im Frühling träumt ..." – Ein menschlicher Vorgesetzter 108
„Becker, du Dummkopp, was biste dann noch hier?" –
Die verhinderte Verlobung 110

Kapitel IV
Die Apokalypse der Vierziger – Krieg, Zusammenbruch und Neubeginn

„So viel Armut ..." – Besatzungsmacht in Polen 115
„Da kam nur noch die Hälfte zurück!" – Als Pionier auf dem Balkan 117
„Kelkheim war weit weg!" – „Da hat mich einer an die Hand genommen." .. 119
„Wahnsinn, Wahnsinn!" – Die Einnahme von Kreta 120
„Maschine kaputt! Maschine kaputt!" – Noch einmal davongekommen 123
„Vor allen Dingen das Maul auf!" – Minenräumen auf Kreta 125
„Keiner weiß, wie lang der Krieg dauert." – Der Hauptmann
als Heiratsvermittler 127
„Was willste dann, Boub?" – „Ei, ich will heirate!" 130
„Donnerwetter! Gottseidank!" – Wein aus dem Kochgeschirr
und ein Lichtblick 135
„Ich wollte den Krieg net, und ich geh haam!" – Endlich ein Entschluss 137
„Deutscher Soldat, da hast du noch e bissi zu laufe!" –
Mit Malaria vom Balkan nach Kelkheim 139
„Frontstadt Frankfurt" – Junitage 142
Der Krieg kam nach Kelkheim – Eine veränderte Stadt 146
„Mein Boub, mein Boub!" – „Mein Vatter hat gezittert." 149
„Becker! Wo kommst dann du her?" – „Ei, vom Balkan!" 152
„Nix wie haam!" – Kisten für den Frieden 154
„Du bist doch net ganz klar! Du gehst als Polizist!" –
Überraschende Berufswahl 156

Kapitel V
**Die „Wilden Jahre" und der Nestbau in den Fünfzigern –
Es kehrt wieder Ordnung ein**

„Wenn morgens Nachersatz kam, die waren abends meistens schon tot." –
Der Krieg wirkt nach 163
„Und dann hab ich sie grad noch aufgefangen!" –
Die schlimmsten Momente 165
„Tu mir die gut bedienen!" – Flüchtlingswelle nach dem Krieg 167
„Die sind zweigleisig dagewesen." – Integration in Kelkheim 170
Der erste Kelkheimer Verkehrsunfall – Siebenfache Ausfertigung 172
„Da habe ich geweint!" – Einsatz gegen Plünderer 174
Schwarzmarktvieh und Schwerenöter – Nächtliche Begegnungen 179
Kleiner Anfang, neues Geld – Es geht wieder aufwärts… 183
„Des is kaa Gripp, des is Malaria!" – Nur nicht zu genau nehmen! 185
„Die Bildung entbindet uns von dieser Dummacherei!" – Alles wird anders...187
„Mein Kompliment, Herr Becker!" – Freude am zweiten Bildungsweg 189

Kapitel VI
**Jahrzehnte des Wandels –
Auf Streife in Kelkheim, auf Erkundung in der Welt**

„Seppl, komm, mir hawwe Pilzvergiftung!" – Schwerer Einsatz 195
„Da hat man dann manchmal Deckung gesucht." – Heikle Missionen 197
Selbstmörder und Schweizerreise – Der Polizist als Psychologe 198
Ein Führerschein aus Athen? – Reisen bildet! 201
„Ich bin ein ‚Verrickerle' – ein Hans Dampf in allen Gassen." –
Eine neue Zeit in Kelkheim 203
„So herzlich!" – Völkerverständigung und „Erleuchtung" 205
„Jeden Samstagabend geht mir das Herz auf." – Kelkheim ins rechte
Licht gerückt 207
Hand in Hand mit Frankreich – Süßholz für Schönheitskönigin! 209
In der Amtsstube – Bewegung im Beruf 211
„Wenn man so viel Glück hat im Leben, dann muss man auch was tun." –
Das Pflichtgefühl 213

Kapitel VII
Der Lebensabend – Rückblick und Ausblick

Geschichte und Geschichten – Die Wurzeln der Schreinerei 219
Aus den Augen und im Sinn – Die Familie..221
Hoch an Jahren – Erdbeertorte ohne Sahne 222
„Das war schon ganz toll!" – Der Streifenwagen war noch keinen Tag alt!....223
Dankesworte des Jubelpaares – Die Gnadenhochzeit 225
„Mein kleines Paradies" – Ein erfülltes Leben 226

Nachwort...228
Bildnachweis und Literatur 230

Kapitel I

Ein Anfang in Kelkheim – Jahrhundertwende und Nachkriegswehen

Das junge Jahrhundert – Erste Schritte

Eine ferne Welt ist es, in die wir uns begeben auf den Spuren des Josef Becker – eine andere Zeit und ein anderes Lebensgefühl.

Kelkheim ist zu Beginn des zwanzigsten Jahrhunderts auf dem Weg in die Moderne. Unerhörte Neuerungen – wie eine allgemeine Kanalisation, Stromleitungen und eine weiträumige Verlegung von Wasserrohren – haben Einzug gehalten. Letztere sind, besonders durch die angeschlossenen Hydranten, ein Segen für die Stadt, in der es an allen Ecken und Enden Schreinereien mit den dazugehörigen Holzlagern gibt, die es vor Brand zu schützen gilt. Vor Verlegung der Leitungen haben die meisten Häuser eine eigene Pumpe: eine hohe Säule mit Pumpschwengel und einem eisernen Hahn, unter dem man Eimer oder Gießkanne abstellen kann. Ein eigener „Wasserstaa" in der Küche ist schon das Höchstmaß an Bequemlichkeit. Gegenüber dem ewigen Betätigen des Schwengels ist das Aufdrehen der neuen Wasserhähne nun ein Kinderspiel. Leider muss der Liederbach all die Abwässer aufnehmen, so dass Fischbestände schwinden und bei Hochwasser die meisten Keller unter Wasser stehen.

Dafür zieren jetzt sogar gepflasterte Bürgersteige die neu geteerten Straßen, man kann schnell und trockenen Fußes sein Ziel erreichen.

Eine wahre Sensation ist auch das elektrische Licht, das nach und nach die alten Petroleumlampen, die „Tranfunzeln", verdrängt, welche blaken und rußen können und vor allem nicht ungefährlich sind. Sie zu reinigen und zu befüllen ist mühsam und zeitaufwendig – vor allem im Vergleich zur schnellen Drehbewegung an den elektrischen Schaltern, die das helle und „saubere" Licht der ersten Glühbirnen in die Häuser tragen und damit den Abend verlängern.

Die Bahnlinie von Höchst über Kelkheim nach Königstein verkürzt den Weg zur Arbeit für alle, die in Höchst in Lohn und Brot stehen; zugleich bringt sie Taunuswanderer und Sommerfrischler aus Frankfurt bequem in die Kelkheimer Umgebung, auch Wallfahrer, die zum Kloster möchten. Innerhalb von zehn Jahren hat Kelkheim sein Gesicht verändert, sich vom Dörflichen in Richtung Stadt bewegt.

Aber auch Schweres hat das neue Jahrhundert gebracht, im Kleinen wie im Großen: Schon seit 1913 verlangsamt sich der Ausbau der Möbelindustrie; manche Schreinereien stehen leer; die Besitzer müssen aufgeben und sich wieder ganz auf die Landwirtschaft verlegen – ein spürbarer Einschnitt für die aufstrebende Möbelstadt. In diesen Rückgang der Aufträge hinein klingen noch viel ernstere Nachrichten, die selbst die prekäre Lage der Möbelindustrie vergessen lassen: Im Sommer 1914 kommt es innerhalb weniger Wochen zu den schwerwiegenden Ereignissen, die den Rest des Jahrzehnts entscheidend bestimmen werden.

Als Josef Beckers Lebensgeschichte beginnt, liegen vier Jahre Krieg hinter den Kelkheimern, die der Bevölkerung viel abverlangt haben. Der anfänglichen Begeisterung, der Hoffnung auf einen schnellen Sieg folgen Kriegsmüdigkeit, Hunger, Zermürbung an der Heimatfront. Manche Männer kommen nun kriegsversehrt nach Hause, manche gar nicht mehr. Fast fünfzig Kelkheimer Männer sind dauerhaft durch den Krieg gezeichnet; noch einmal nahezu fünfzig haben ihn nicht überlebt. Ein hoher Zoll, vor allem angesichts der Tatsache, dass damit jeder achte männliche Einwohner betroffen ist und statistisch gesehen jede der etwa fünfhundert Familien einen Kriegsversehrten oder gar Gefallenen zu beklagen hat.

Einige Gefallene werden aus der Fremde überführt, um als erste auf dem neuen Friedhof in der Heimat beigesetzt zu werden, der auf diese Art eine traurige Einweihung erfährt. Das Kelkheimer Rathaus beherbergt während der Zeit der französischen Nachkriegsbesatzung die Kommandantur; die Klosterkirche muss die Trikolore tragen. Die Alliierten quartieren überall Truppen ein; ein ganzes Feldartillerieregiment liegt allein in Kelkheim, auch Pferde, Geschütze, Munitionswagen müssen untergebracht werden. Felder, Häuser, Stallungen und Scheunen – alles Verfügbare wird herangezogen, es herrscht drangvolle Enge. In allem muss man sich an den Vorschriften der neuen Machthaber orientieren; das geht vielen Kelkheimern gegen den Strich, da die Besatzung sogar in kleinste Alltäglichkeiten eingreift und das Leben stark einschränkt, selbst nachdem im August 1919 die Franzosen nach Unterliederbach verlegt werden. Bis 1924 besteht damit weiterhin französische Besatzung im Kreis Königstein, was viel Ärgernis und Beschwerlichkeiten mit sich bringt – schon alleine dadurch, dass den Frankfurtern ohne entsprechender Passierschein der Weg in den Taunus verwehrt bleibt. Noch vier Jahre nach Kriegsende darf man auf Order der Besatzungsbehörden etwa kein Rundfunkprogramm empfangen, obwohl im Rest Deutschlands schon Unterhaltungsrundfunk zu hören ist und 1924 in Frankfurt die erste Rundfunkanstalt zu senden beginnt. Kelkheim gehört aber zum Bereich des bis 1930 besetzten Brückenkopfs Mainz; somit ist hier der Empfang des Unterhaltungsrundfunks untersagt. Gerade die jungen Kelkheimer empfinden solche Anordnungen zunehmend als drückend, vor allem aber herrscht große Lebensmittelknappheit.

Reparationszahlungen, Hyperinflation, Geldentwertung, schwindende Ersparnisse, Wirtschaftskrise – diese Schlagworte füllen die Tagespresse und die Gespräche. Unruhe liegt in der Luft – nach dem Ende des Kaiserreiches, nach der Niederlage im Krieg, inmitten einer schwierigen Versorgungslage sieht man ungewissen Zeiten entgegen.

Die frühen Jahre – „Mein Vater kam aus dem Krieg zurück, und ich war seine erste Arbeit"

In dieses schwankende, noch junge Jahrhundert hinein wird am 31. Januar des ersten Nachkriegsjahres Josef Becker in Kelkheim geboren.

Der Vater ist gerade erst aus dem Krieg zurückgekehrt – und wie so viele Soldaten, die den Schrecken des Ersten Weltkriegs entronnen sind, verspürt auch er den Wunsch, das neu gewonnene, das gerettete Leben in der Existenz eines weiteren Familienmitgliedes fortbestehen zu lassen. *„Mein Vater kam aus dem Krieg zurück, und ich war seine erste Arbeit", beschreibt Josef Becker dies – und fügt dann hinzu: „Und wie der nächste Krieg anfing, waren wir die ersten." Damit nimmt er darauf Bezug, dass die Kinder der Kriegsveteranen von 1918 im Jahr 1939 tatsächlich gerade das richtige Alter hatten, um für den nächsten Krieg eingezogen zu werden.*

Bitterkeit zeigt sich dabei nicht – aber der starke Widerwille gegen alles, was mit kriegerischen Auseinandersetzungen, mit Zwang, Willkür und Unterdrückung zusammenhängt.

Diese Gedanken ziehen sich wie ein roter Faden durch die Erinnerungen von Seppl – so wird Josef Becker zeit seines Lebens genannt. *Wenn er sagt: „Wenn man Soldaten in den Krieg schickt, dann weiß man, die Hälfte kommt nur zurück", dann weiß er, wovon er spricht. Das sinnlose „Verheizen" so vieler Menschen, die noch ein ganzes Leben vor sich hatten, bewegt ihn auch siebzig Jahre nach Kriegsende noch immer sehr.*

Dabei mögen auch die frühesten Kindheitserinnerungen an die Zeit unmittelbar nach dem Ersten Weltkrieg eine große Rolle spielen. Ein frühes Photo zeigt Seppls Eltern, den Vater mit strengem

Josef Beckers Eltern

Blick, mit militärischem Haarschnitt und eindrucksvollem Bart. Er ist in Uniform, die dazugehörige Pickelhaube mit dem glänzenden Adleremblem ist dekorativ auf einem seitlich plazierten Tischchen in Szene gesetzt. Zugleich aber geht von dem Vater bei allem Martialischen doch etwas sehr Bodenständiges aus; die Augen sind wachsam und müde zugleich, die Uniform wirkt zu groß, zu voluminös für einen schwer arbeitenden, hageren Mann, wie von einem älteren Bruder geerbt, eine Last, die er mit sich herumzutragen scheint. Neben dem Vater die Mutter Eva, mit weicheren Zügen und trotz aller Härte, die das Leben sie sicher hat erfahren lassen, eine ansehnliche Frau mit mütterlichem, freundlichem Wesen. Ihre gefällige Art täuscht zunächst über eine sichtbare Tatsache hinweg: Sie ist größer als ihr Mann, der doch zu Hause die Hosen anhat und das auch gerne deutlich werden lässt. Seppl sagt von sich, er sei in der Art und auch in der Mentalität eher die zweite Mutter, seine ältere Schwester dagegen sei ganz der Vater gewesen.

Auch in der Familie Becker wie in so vielen anderen ist die Nachkommenschaft sozusagen um den Krieg herumgruppiert – Schwester Röschen „entsteht" direkt vor dem Weggang des Vaters, die Heirat fällt noch in die Kriegszeit; der Vater kehrt extra auf Heimaturlaub für die Trauung von der Front zurück. Der Nachzügler Klein-Seppl kommt erst nach Kriegsende und der endgültigen Heimkehr des Familienoberhaupts hinzu. Aus den Vorkriegsjahren sind Kinder aus den beiden früheren Ehen der Eltern „übriggeblieben", ein Bruder und eine Schwester.

Die Jahre zwischen den beiden großen Kriegen sind alles andere als einfach und unbeschwert.

Seppls Vater Wilhelm Becker gehört zum Jahrgang 1879, war also bei Kriegsende schon vierzig Jahre alt. Aus einer ersten Ehe hat es noch drei weitere Kinder gegeben – ein Zwillingspärchen, Bub und Mädchen, danach noch eine weitere Schwester. Die Zwillingsschwester des ältesten Bruders stirbt schon lange vor Seppls Geburt. Die Kindersterblichkeit in jungen Jahren ist damals eine zwar traurige, aber doch immer noch verbreitete Tatsache. Das zeigt sich auch daran, dass der sonst mit einem so lebhaften Gedächtnis gesegnete Seppl nicht einmal mehr den Namen dieser früh verstorbenen Halbschwester weiß. Etwas ungenau sind die Angaben in diesem Zusammenhang – mal scheint es, als seien alle drei Kinder aus einer früheren Ehe des Vaters hinzugekommen, mal ist auch davon die Rede, dass die Mutter Seppls eins der Kinder mit in die Ehe gebracht hat.

Mutter Eva mit Karl, Greta und Röschen

Auf einem Familienphoto, das dem Vater vielleicht an die Front nachgeschickt worden sein mag oder auch zur Feier seiner Rückkehr aufgenommen wird, sind alle damals lebenden Kinder um die neue Mutter Eva herum aufgereiht: Bruder Karl mit strengem Haarschnitt im schwarzen Anzug mit einem nur schmalen weißen Hemdkragen, über dem das ernste Gesicht in die Kamera blickt. Schwester Greta, dunkelhaarig wie Karl, mit Seitenscheitel und weißer Haarschleife, großem weißem Kragen und Sonntagsmanschetten zum dunklen Kleid. Klein-Röschen, das erste Kind der zweiten Ehe, die weiße Schleife im kurzlockigen hellen Haar und die Festtagsschleife über dem durchbrochenen Leinenkragen, der über dem gleichfalls dunkelfarbigen Sonntagskleidchen besonders gut zur Geltung kommt. Aus dem ansonsten eher düster wirkenden Photo stechen vor allem die vier feierlichen Gesichter hell hervor und wirken trotz eines Jahrhunderts Abstand und der steifen Posen seltsam lebendig.

Sicher entstehen diese Bilder im Atelier „Gudrun" des Photographen Wehner in der damaligen Kelkheimer Poststraße. Unter einem lichtspendenden Glasdach wird mit ausziehbarem Kamerakasten auf schwankendem Stativ, schwarzem Tuch, Blitzpulver und viel Geduld dort hantiert, um Einzel- und Familienportraits zu feierlichen Anlässen anzufertigen. Gediegene Möbel, Grünpflanzen und ein paar repräsentative Hintergrundkulissen stehen bereit, dem Ganzen das richtige Gepräge zu geben. Das muss man sich etwas kosten lassen, daher geschieht es auch nicht allzu oft.

Klein-Seppl

Von Klein-Seppl, wie er genannt wird, gibt es zwei Aufnahmen – die frühere im dunklen Festtagsröckchen, wie es damals auch die kleinen Knaben noch tragen, mit breitem weißen Mühlsteinkragen und Manschetten. Fast wie ein Priestergewand wirkt sein Sonntagsstaat; er ist offenbar auf Zuwachs gekauft, vielleicht auch vom älteren Bruder oder einem Vetter vererbt worden.

Seppl als Schulbub

Ein zweites Bild zeigt Seppl als Schulbub, im zeittypischen Matrosenanzug, die Mütze keck zur Seite geschoben und den Tornister unternehmungslustig am Riemen über die Schulter geworfen. Die obligatorische Schultüte fehlt – *ich habe ihn einmal gefragt, ob er denn keine bekommen habe. Doch, doch, die habe es schon gegeben – bescheiden im Umfang, achteckig, mit bunten Bildern beklebt und gefüllt mit echten Herrlichkeiten, wie Zuckerzeug und einem besonders verzierten Griffel.* Von der Schultüte gibt es zwar kein eigenes Photo – aber es ist doch schön zu wissen, dass auch der kleine Seppl, aus bescheidenem Hause, ein solches Wunderwerk in Händen halten durfte.

Das Gesichtchen ist auf beiden Bildern gleichbleibend ernst und feierlich-still – schließlich ist das Photographieren zu dieser Zeit eben etwas Besonderes!

„Und da war ich nur noch der einzigste Bub, und da war ich der Stolz meines Vaters."

Die Familie wird nicht lange so zusammenbleiben. Bruder Karl ist deutlich älter als der kleine Nachzügler Seppl und wie viele Jungen und junge Männer damals ein begeisterter Sportler. Oben am Taunushang wird, wenn es die Arbeit erlaubt, fleißig Fußball gespielt. Umkleidekabinen zum Kleiderwechsel wären aber ein unerhörter Luxus. Also zieht die Fußballjugend nach dem Training frohgemut, wenn auch völlig nassgeschwitzt, den Berg hinunter nach Kelkheim. Karl holt sich dabei in einem Winter bei scharfem Ostwind eine böse Lungenentzündung, die ihn ein Jahr lang nicht recht wieder loslässt. Schließlich erliegt er der Krankheit und verstirbt mit gerade einmal 21 Jahren.

„Und da war ich nur noch der einzigste Bub, und da war ich der Stolz meines Vaters," erinnert sich Seppl noch nach neunzig Jahren. Es ist ihm im Gedächtnis geblieben, wie sich nach dem Tod des älteren Sohnes alle Hoffnungen Wilhelm Beckers ganz auf den kleinen, kaum siebenjährigen Seppl konzentrieren.

Trotz der strengen Erziehung in dieser Zeit erfährt der Bub als Nesthäkchen in der Familie natürlich auch Bevorzugung. Schließlich gibt es neben dem stolzen Vater auch noch Mutter Eva mit dem lieben Gesicht, die ernste Schwester Greta, die als einziges der drei älteren Kinder noch „übriggeblieben" ist, und Röschen, das immerhin vier Jahre älter ist als Seppl. Von den beiden großen Schwestern wird der kleine Bruder verwöhnt, und er darf sich auch manchmal einiges herausnehmen, was den anderen Kindern verwehrt ist. Öfters soll es Schläge geben, wenn der Vater nach Hause kommt und im heimatlichen Dialekt die gefürchtete, allabendliche Frage stellt: „No, was hot er so gemacht?" Seppl kriecht dann bei Bedarf hilfesuchend unter die Röcke, die seine Mutter, wie damals üblich, noch nahezu bodenlang trägt, und ist dort

27

sicher geborgen. Trotz seines braven Aussehens wie etwa auf dem Einschulungsbild – einige Dummheiten hat der Bub meistens auf dem Kerbholz. Aber trotzdem stehen beide Eltern, selbst der gestrenge Vater Wilhelm, immer zu ihrem Sohn, wenn es Not tut.

Viel Zeit müssen die Kinder bei den Großeltern verbringen, da die Familie zunächst noch keine eigene Wohnung hat. Mitte der 1920er Jahre hat Kelkheim immerhin schon an die zweitausend Einwohner, die sich in etwa fünfhundert Familien gruppieren. In der aufstrebenden Möbelstadt wird der Wohnraum allmählich immer knapper; die Wohnungssuche ist also kein leichtes Unterfangen.

Dem kleinen Seppl gefällt es aber beim Großvater, der – natürlich – ebenfalls ein Schreiner ist. Dass die Familie bei dem wenn auch nicht wohlhabenden, so doch nicht schlecht gestellten Großvater mit in Kost genommen wird, ist selbstverständlich.

„Handwerker, das kommt von de Händ!" – Familienleben und die Schreinerei

Mutter Eva geht Geld verdienen; wie viele andere Frauen auch geht sie montags dorthin, dienstags dahin zum Waschen, am Mittwoch anderswohin zum Bügeln und so fort. Die wöchentliche Wäsche ist damals eine zeitaufwendige Arbeit. Das Sortieren, Einweichen, Kochen, Bläuen, Spülen, Wringen oder Mangeln, Bleichen, Trocknen und Bügeln geben ein mühsames Geschäft ab. Wer kann, leistet sich eine Waschfrau oder zumindest eine Hilfe. Mutter Eva ist froh über den Extraverdienst, häufig aber erschöpft von der harten Arbeit. Die Hände werden rauh von übermäßig heißem und eiskaltem Wasser, der Dunst in der Waschküche oder die Kälte auf dem Wäscheboden sind der Gesundheit nicht zuträglich, der Rücken schmerzt vom Bücken, vom Aufhängen und Abnehmen der Wäsche, erst recht vom Bügeln. Auch dass sie häufig außer Haus sein muss, ist ihr nicht recht – aber die meisten Leute lassen die Wäsche daheim erledigen, geben sie nicht erst aus dem Haus.

Die Kinder dürfen währenddessen bei den Eltern ihrer Mutter sein. In der Werkstatt des Großvaters arbeiten mehrere Gesellen, die auch mit im Hause essen, wie es in Kelkheim meist üblich ist. Vom Lohn müssen Gesellen und auch Lehrbuben etwas abführen, dafür bekommen sie Kost und Logis, schlafen in sauberen Betten, essen ordentliche Hausmannskost und werden auch streng beäugt, wenn es sie etwa zu selten in die Messe und zu oft ins Wirtshaus zieht. Da die Gesellen aus unterschiedlichen Gegenden kommen, bringen sie immer etwas Neues, Fremdes und daher oft Reizvolles mit sich – andere Sprechgewohnheiten, andere Lieder oder trockene Bemerkungen, die als Witze durchgehen mögen. So sitzen die Kinder morgens beim Frühstück, mittags beim Essen und nachmittags beim Kaffee immer mit der ganzen Belegschaft am Tisch und schnappen da schon allerhand aus dem Schreinerhandwerk auf. Josef geht gerne in die Schreinerei und schaut sich dort vieles ab. Besonders einer der Gesellen befasst sich mit dem aufgeweckten Bub und erklärt ihm manches in eindrücklichen Formulierungen, die auch dem alten Josef noch im Ohr klingen: „Wenn du mal Handwerker werden willst, Handwerker, hör zu, Josef, Handwerker, das kommt von de Händ! Der Kaufmann, der sitzt am Schreibtisch, und der Handwerker, der arbeit' mit seine Händ. Es ist eine schwere Sach', Handwerker sein, du wirst viel schwitze!" Der Geselle bringt dem kleinen Josef einige Kniffe bei und versucht, ihn für das Schreinerhandwerk zu erwärmen. Seppl möchte aber viel lieber „Bosseler" werden als Schreiner, wie es die Familientradition verlangt. Metallarbeit und Mechanik haben es ihm viel mehr angetan als Säge und Hobel, Nut- und Federgefüge.

Die Kelkheimer Schreiner kennen sich untereinander gut, ergänzen sich auch da und dort bei der Arbeit (etwa bei der Zusammenstellung von Möbeln, die ein Verleger dann als Komplettzimmer abnimmt und verkauft), nehmen gegenseitig ihre Söhne als Gesellen an, wobei diese dann auch bald zu wandern beginnen, um mehr Erfahrung zu gewinnen. Trotzdem ist die Kelkheimer Schreinergemeinschaft natürlich auch von Konkurrenz geprägt, was sich in trockenem Humor und typischen Spitznamen widerspiegelt, mit denen ein Schreiner einen anderen belegt – diese bleiben dann oft „hängen" und bis heute manchem Kelkheimer im Gedächtnis. Ein Schreiner ist etwa für seine große (manchmal schon fast übertriebene) Genauigkeit bekannt; er avanciert im Kelkheimer Volksmund zum „Millimeterschreiner". Ein anderer tritt regelmäßig zu Fastnacht, die im katholischen Kelkheim natürlich einen gebührenden Platz einnimmt, in der Rolle eines „Doktor Lins" auf – dieser Name bleibt ihm dann für immer. Der „Wickerer Philipp" tut sich dadurch hervor, dass er von auswärts und zwar aus Wicker nach Kelkheim eingewandert ist. Mag er auch Jahrzehnte dort leben – sein Herkunftsname ist unvergessen. Ein neues Gerät, der

Exhaustor, der damals von sich reden macht (es handelt sich um eine Vorrichtung zum An- oder Absaugen von Dampf, Staub etc., die gerade in einer Schreinerei von großem Nutzen sein kann), verleiht einem anderen Kelkheimer ein besonderes Prädikat. In einer hessischen Verballhornung wird aus diesem „der Eck-Saust-Er", weil er es immer so besonders eilig hat und dabei auch gelegentlich mit anderen Passanten auf den schmalen Gehsteigen kollidiert. „Tor-Christian" steht grundsätzlich am Tor, um auf Kundschaft zu warten, während seine Gesellen die Arbeit verrichten. Ein anderer Schreiner greift in findiger Manier der modernen Werbung vor und verfertigt ein Schild mit der Aufschrift „Meine Türen geigen nicht", um sich von einem Kollegen abzusetzen, dessen an den Möbeltüren angebrachte Klavierbänder durchdringende Quietschlaute hören lassen, weil ihre Spannung zu hoch ist. So weist der Kollege mehr deutlich als diskret darauf hin, dass zumindest seine Türen bzw. deren Scharniere und Klavierbänder keine „Geigentöne" von sich zu geben pflegen. Die wachsame Konkurrenz hängt ihm daraufhin natürlich genau dieses Motto als Spitznamen an.

In diese untereinander gut bekannte, zugleich aber auch wetteifernde geschlossene Gemeinschaft findet man sich nicht so ohne weiteres ein, wenn man von auswärts ist, vor allem, wenn man nicht als Lehrling oder Geselle anreist und in den Haushalt eines Meisters aufgenommen wird, sondern sich aus eigener Kraft durchschlagen will. Auch Josefs Familie muss um ihren Platz kämpfen.

Mutter Eva hat noch ein eigenes Zimmer im Haus ihres Vaters; dort ist dann die Familie abends unter sich wenn die tägliche Arbeit beendet ist und die Mutter nach Hause kommt.

Dass sie dort längere Zeit wohnen können, ist ein großes Glück. Der Großvater mütterlicherseits stammt aus Schneidhain, wo die

Familie eine Gaststätte besaß, die es heute noch gibt – wenn auch unter anderem Namen. Nachdem der Großvater nach Kelkheim gekommen ist, lernt er dort das Schreinerhandwerk, macht seinen Meister und sich selbstständig. Finanziell ist er zu Josefs Kinderzeit so gut gestellt, dass er sowohl seine Tochter, also Mutter Eva, Schwester Röschen und Klein-Seppl und abends auch den Vater Wilhelm mit verpflegen kann. Für Wilhelm Becker aber ist das kein Dauerzustand. Er arbeitet nur stundenweise beim Großvater, etwa wenn ein Auftrag dringend fertig werden muss, und verbringt den Großteil seiner Arbeitszeit bei der Firma Dichmann. Bei seinem eigenen Vater kann Wilhelm Becker nicht arbeiten: Dieser ist ebenfalls von auswärts zugezogen, hat sich aber finanziell nicht herausgemacht. Stammt man nicht aus Kelkheim, so kann man nicht gleich aus dem Vollen schöpfen; es braucht seine Zeit, bis man sich bei den Einheimischen etabliert hat. Auch dieser Großvater väterlicherseits ist Schreiner, geht diesem Broterwerb aber nur nach Feierabend als Zusatzbeschäftigung nach.

Die Geschichte wiederholt sich über die Generationen hinweg: „Mein Vater war wiederum dem sein einzigster Bub, die andern waren alle Mädcher," erinnert sich Seppl. „Und als dann die Mädcher weggeheiratet haben, da gings dann besser." Familienzusammenhalt krankt oft genug an den schwierigen wirtschaftlichen Verhältnissen, und man ist in den weniger betuchten Familien froh, wenn wieder ein Esser anderweitig sein Brot findet. Daher sorgt man dafür, dass die Mädchen früh aus dem Haus kommen, als Angestellte einen Haushalt führen lernen und für die Aussteuer sparen. Findet sich dann ein Mann, umso besser. Aber auch für die Söhne will gesorgt sein – und nicht jeder Vater vermag das.

Für den „Schaffer" Wilhelm Becker ist es sicher nicht immer leicht, unter dem Dach seines Schwiegervaters leben und essen zu müssen, weil sein eigener Vater seinen ebenfalls „einzigsten Bub" nicht unterbringen kann.

„Ruhe, Ruhe, Ruhe!" – „Meine Kinder sollen sich bewegen!"

Als dann endlich eine eigene Wohnung gefunden wird, wohnt leider ein wenig freundlicher Vermieter gleich unterhalb der Familie Becker. Wenn die Kinder, vor allem das Nesthäkchen Josef, mal etwas lärmen und in gut hessischer Manier auf den Boden „demmeln", also trampeln oder stampfen, schallt es von unten sofort energisch: „Ruhe! Ruhe! Ruhe!" Das geht Vater Wilhelm gegen den Strich – als Patriarch herrscht er zwar streng über seine Kinder, lässt sie aber auch von niemand anderem unterdrücken. Auch mag ihn das Klopfen und Schreien von unten zu sehr aufgeregt haben – den Kinderlärm des eigenen Nachwuchses kann er noch ertragen; vom gerade durchlebten ersten Weltkrieg ist er, wie Seppl es ausdrückt, „angeschlagen" und ärgert sich bei jedem lauten Wort des Vermieters von unten.

Noch heute sind seinem Sohn Josef die Worte im Gedächtnis geblieben, die er den Vater zur Mutter sprechen hört: „Eva, du hast doch den Acker, das Grundstück mitgebracht in die Ehe, lass dir das überschreiben, ich baue. Meine Kinder sollen sich bewegen!". Letzteres gilt vor allem den beiden gemeinsamen Kindern, Klein-Röschen und Klein-Seppl, die ja deutlich jünger sind als die Geschwister.

Jedesmal, wenn der alte, fast hundertjährige Seppl seinen Vater zitiert, verändern sich mit diesen Worten seine Stimme und sein Tonfall – kurz angebunden, rauh, fast schon barsch kann er dann klingen, ganz anders als sonst. Man spürt hinter seinen Worten sozusagen die Pickelhaube des Vaters Wilhelm, der im ersten Weltkrieg so einiges erlebt haben mag, und meint, man hört diesen über das Jahrhundert hinweg sprechen.

Bei aller Reserviertheit und aller Strenge: Für seine Familie ist Wilhelm ein treusorgender, wenn auch ein oft sturer, dabei für die Zeit erstaunlich risikofreudiger Vater.

Als der kleine Seppl um die sieben Jahre alt ist, um 1925/26, beginnt Vater Becker seinen Hausbau. Die Nachkriegsinflation, die alle Ersparnisse vernichtet und Phantasiepreise wie etwa fünfzehn Milliarden Mark für einen Wasserweck mit sich bringt, flaut nach Einführung der Rentenmark im Jahr 1923 zwar ab: ein Bier bekommt man nun für dreißig Rentenpfennig statt für zweihundert Milliarden Mark, ein Viertel Leberwurst kostet nicht mehr eineinhalb Billionen. Aus einer Billion Altmark wird eine Rentenmark. Aber trotzdem ist die finanzielle Lage alles andere als sicher: Die erneute Wirtschaftskrise liegt bereits in der Luft. Kredite für Baumaterial sind schwer zu bekommen; alle Arbeit muss allein getan werden, zumal der älteste Sohn Karl in dieser Zeit einundzwanzigjährig verstirbt, vorher länger gepflegt werden muss, während Arztkosten sich häufen.

Im Grunde genommen bilden Seppl, sein kindlicher Bewegungsdrang und sein „Gedemmel" den eigentlichen Anlass für den Entschluss des Vaters, seiner Familie ein eigenes Haus für ihre künftige Unabhängigkeit zu bauen.

Auch mag die zunehmende Geldentwertung eine Rolle spielen: Man versucht, sich bleibende Werte zu schaffen, deckt sich mit Sachwerten ein. Viele der in Kelkheim ansässigen Betriebe, die zu Hause arbeiten, legen sich nun schnell Maschinen zu, solange das Geld überhaupt noch etwas wert ist. Die erste Inflation von 1923 steckt allen noch in den Knochen. In der Mitte der Zwanziger gibt es immerhin hundert Betriebe mit über vierhundert Beschäftigten, die auf diese Weise für die Zukunft sorgen. Wilhelm Becker hat keinen eigenen Betrieb, er will auf andere Weise für seine Familie Sorge tragen, baut, wie sein Sohn Seppl es nennt „in die

Inflation hinein". *Noch viel später sagt der siebenundneunzig-jährige Josef im Tonfall seines Vaters: „Ich sehe ihn heute noch vor mir: „Eva, lass dir das Grundstück überschreiben, ich baue!"*

Kapitel II

Die hungrigen Zwanziger — Kindheit in der Inflation

„Eva, ich baue!" – Zukunftswege für die Kinder

Die Nachkriegszeit bringt Schweres mit sich. Das Essen ist knapp, vor allem gibt es Mohrrüben und Kartoffeln, die man den Winter über in Sandmieten und im Keller aufbewahrt. Werden sie runzelig und weich, schießen Keime hervor und tasten sich durch die Latten der Kisten nach draußen, so muss das Gemüse dennoch geschält und gegessen werden. Eintopf ist ein beliebtes und häufiges Mahl, bei dem sich alle Reste diskret verwerten lassen. Brot isst man, häufig nur mit dem üblichen Steckrübensirup, auch einmal mit Schmalz, hin und wieder sogar mit Wurst. Die in der Stadt sind übler daran – dort erfindet man die „Schiebewurst" – ein einsames Stückchen Räucher- oder Fleischwurst, die man auf der ganzen Länge des Brotes mit langen Zähnen beim Kauen vor sich herschiebt, ohne hineinzubeißen, immer den verführerischen Duft in der Nase. Mit dem letzten Bissen Brot zusammen wird dann die „Schiebewurst" genossen. Brot wird auch altbacken gegessen: Das sogenannte „Hasenbrot" sättigt besser als das frische; so verlangt man beim Bäcker grundsätzlich ein Brot von gestern; aus allzu harten Resten lässt sich notfalls auch noch Brotsuppe kochen. Rübenhonig aus Zuckerrüben wird aufs Brot gestrichen, Margarine aus Pflanzen- und Rinderfett dient als günstiger Butterersatz. Mangel- und Unterernährung werden zu einem weitreichenden Problem, das große Teile der Bevölkerung trifft und Entwicklungsverzögerungen und Folgeerkrankungen mit sich bringt. Auch die in den Städten neu eingeführten Kinder- und Armenspeisungen oder die öffentlichen Suppenküchen können keine wirkliche Abhilfe schaffen. Das mühsam organisierte „Ersatzessen" reicht zu einer gesunden Ernährung nicht aus. „Kriegs- und Ersatzkochbücher" preisen noch nach dem Kriegsende Rezepte an, mit denen man drei Personen täglich für eine Mark ernähren können soll. Dicke Suppen – auch ganz ohne Fett und Fleischeinlage – stehen hoch im Kurs, wenn sie auch fade schmecken mögen: Sie sättigen und wärmen. Kartoffeln,

Hülsenfrüchte, Wurzelgemüse, Rüben und Mehl bilden die Hauptgrundlagen solcher Eintöpfe. Mit den Kriegsjahren nimmt das Wort „Ersatz" in solchen Kochbüchern immer breiteren Raum ein: Nahezu alle Zutaten, nicht nur Fett und Fleisch, müssen gegen andere ausgetauscht werden, je nachdem, was gerade noch verfügbar sein mag.

Auch nach dem Krieg normalisiert sich die Lage nicht so schnell. Hat man einmal Schmalz zum Braten, so wird es nachher bestimmt noch aufs Brot gestrichen. Sollten ein paar Kaffeebohnen ergattert werden, so wird der Kaffeesatz so oft aufgegossen, bis das Muster der Tassen durch die dünne Brühe hindurchschimmert. Treiben die Städter – selten genug – Eier auf, so gilt schon ein halbes Ei pro Familienmitglied als Luxus. Brot, Kartoffeln, Hülsenfrüchte, Kohl und Rüben bilden die Hauptbestandteile der unzureichenden Nahrung, die für Erwachsene oft kaum zwölfhundert, manchmal keine tausend Kalorien pro Tag enthält. Besonders verheerend wirkt noch lange der bittere „Steckrübenwinter" des Jahreswechsels 1916/7 nach, von dem sich viele gar nicht, noch mehr Menschen kaum erholen. Sogar das Apfelweinkeltern wird nach dem Krieg untersagt, damit die Äpfel in Form von gedörrten Schnitzen oder von Apfelmus auf den Tisch kommen können. Sogenanntes Schwarzkeltern führt in Frankfurt zur Gründung der berühmten „Apfelweinlogen", in denen man das goldene Stöffchen heimlich genießt. Bier gilt nicht umsonst als notwendiges „Nährmittel", denn die Milch in den Städten ist erstens meist entrahmt – und zweitens oft deutlich gewässert. Ein probates Mittel, das der kritischen Hausfrau die Reinheit der Milch anzeigen soll, ist eine gut polierte Stricknadel: Taucht man sie in gewässerte Milch, kommt sie ganz blank wieder zum Vorschein. „Blauer Heinrich" heißt in den hungrigen Städten dieses schwächliche Getränk, das durch die deutliche Verdünnung eine ungesund bläuliche Tönung annimmt. Trotzdem schätzt man sich glücklich, wenn es überhaupt einmal Milch zu kaufen gibt, die überall knapp ist. Selbst für Kranke und Kleinkinder lässt sie sich oft gar nicht auftreiben, obwohl sie streng rationiert ist. In den Städten wird überall für die besonders Bedürftigen gesammelt; Notselbsthilfe und Winterhilfswerk verringern die Armut nur und vermögen ihr nicht wirklich abzuhelfen.

Ganz so hart steht es auf dem Land nicht mit der Lebensmittelversorgung, dafür sind hier die Kriegsrationierungen auf den jeweiligen Lebensmittelmarken aber auch knapper bemessen. Das Abziehen vieler Arbeitskräfte und auch der für die Landwirtschaft so notwendigen Pferde an die Front hinterlässt Spuren. Getreide und Kartoffeln werden nicht mehr in ausreichender Menge angebaut. Fleisch wird besonders rar – die Verwendung von Futterpflanzen wie der Zuckerrübe zur Schweinemast wird beispielsweise verboten. Eier, Milch, Butter und Käse werden zeitweise kaum noch angeboten.

Auch nach dem Krieg muss man sich in ländlicher Umgebung immer noch stark einschränken. In Kelkheim gibt es den „Ersatzkaffee" zu trinken – Zichorien, Eicheln oder auch geröstete Löwenzahnwurzeln dienen als mehr oder weniger schmackhafter, aber gesunder Ersatz für den nahezu unerschwinglichen Bohnenkaffee; getrocknete, fermentierte Brombeerblätter ersetzen den Tee. In Kriegszeiten werden diese auch für die Front gesammelt, neben großen Mengen an Laub, die Kelkheimer Schulkinder zentnerweise getrocknet als Heuersatz an die Front schicken. Stolz posieren noch 1918 ganze Schulklassen und ihre Lehrer mit den Säcken voll gesammelten Laubes für den Photographen – 170 Zentner hat die Kelkheimer Schule allein in diesem Jahr zusammengebracht.

In den ersten Nachkriegsjahren geht es den Kelkheimern im Vergleich mit anderen im Umland und auch in der Stadt noch etwas besser: Dadurch, dass die Umgebung dörflich geprägt ist und kleine bis mittelständische Handwerksbetriebe angesiedelt sind, hat mancher Kelkheimer zusätzlich einen Garten und einen kleinen landwirtschaftlichen Nebenbetrieb. Das Gemüse und Obst, das dieser liefert, Hühner und die obligatorische Geiß können das Überleben einer Familie sichern. Rinder und Schafe sind seltener, viele Familien halten aber wenigstens eine Sau. Bei etwa fünfhundert Haushalten hat statistisch gesehen nur etwa jeder zehnte ein Pferd, immerhin jede zweite Familie ein Schwein, aber jeder Haushalt mindestens fünf „Hinkel". Jeder, der kann, baut zusätzlich Essbares an, notfalls auch in Kisten und Kübeln, denn nur etwa jeder fünfte hat eigenen Grundbesitz.

Ganze 1500 Quadratmeter gilt es für die Beckers zu bewirtschaften. Der Vater, der ja schon eine Vollzeitstelle als Schreiner bei dem bekannten Großbetrieb Dichmann hat und „nebenher" auch noch ein ganzes Haus baut, bearbeitet nach dem Tod des ältesten Sohnes auch dieses große Grundstück nahezu allein. 1928, Seppl ist gerade neun Jahre alt, zieht die Familie in das eilig errichtete neue Haus am Klosterberg ein.

Wenn Wilhelm Becker nach der Arbeit heimkommt – gegen fünf Uhr abends nach einem langen Arbeitstag –, so heißt es „Josef!" und der Kleine muss Wasser schleppen, bis der ganze Garten versorgt ist. Das Graben und Rechen besorgt vor allem der Vater, auch das Säen und Anpflanzen. Zum Jäten, dieser Arbeit, die niemals aufhört, werden zunächst die beiden älteren Mädchen bestimmt, bis Josef alt genug ist, Setzlinge von Unkraut zu unterscheiden.

So braucht die Mutter praktisch kein Gemüse zu kaufen; alles hat die Familie nahezu im Überfluss, beinahe ein Luxus in dieser Zeit, wo meist Schmalhans Küchenmeister ist. Im Sommer und Herbst wird dann natürlich reichlich eingekocht und eingeweckt. Alle Kinder müssen mithelfen: ernten, säubern, pulen oder schälen; die Mutter füllt die kochendheißen Früchte mit Kellen in die Einmachgläser und legt das Gemüse in Essiglake ein, die zum Niesen reizt. Äpfel und Birnen werden in Ringen und Schnitzen gedörrt, sind zwar ganz „verhutzelt", schmecken aber noch lange nach Sommer. Auch die Zwetschgen werden wie überall in Kelkheim getrocknet oder zu Latwerge – „Latwersch" – verarbeitet, die stundenlang, bis in die Nacht hinein unermüdlich in großen Waschkesseln gerührt werden muss, damit sie nicht anbrennt, wobei sich die Frauen untereinander abwechseln. Gelegentlich löffelt man eine Probe auf eine Untertasse und stülpt diese in der Luft um: Bleibt das „Latwersch" (oder die „Leckmeje", wie die Kelkheimer sagen) an Ort und Stelle, ist es endlich fertig und hilft, die vielen Monate bis zur nächsten Ernte zu überdauern.

Säuberlich beschriftet Mutter Becker Etiketten, damit man die ältesten Vorräte zuerst verzehrt und nicht am Ende etwas vom mühsam Eingebrachten verdirbt. Alles, was sich in Weckgläser zwängen und konservieren lässt, ob Bohnen, Gurken, Kirschen oder Erdbeeren, süß eingekocht oder sauer eingelegt, hilft der Familie über den langen Winter. Das Erntedankfest ist in dieser Zeit im doppelten Sinne inniger Dank – dafür, dass ausreichend Nahrung gewachsen ist und geerntet wird, aber auch dafür, dass die anstrengende Zeit vorüber ist, in der dieser Segen konserviert werden muss.

Nach diesen intensiven Jugenderfahrungen entschließt sich der ältere Seppl später aus voller Überzeugung, den ganzen Garten des Elternhauses, das er bis zu seinem Tod noch bewohnen wird, mit Rasen einzusäen.

Seiner Frau, die aus bäuerlichem Hause stammt und mit ihm schimpft, überlässt er dann aber doch noch großmütig drei Quadratmeter – aber nur für Blumen. Als er abends vom Kegelclub nach Hause kommt und sich über den erdigen Spaten wundert, sieht er erst, dass seine Frau, der die selbstbewusste Bauernnatur noch in den Knochen steckt, auf den ganzen drei Quadratmetern sorgfältig – Bohnen gelegt hat!

„Wir waren kleine Leute, aber Not hatten wir keine!" – Hasenbrot und Eingemachtes

Die Gartenarbeit besorgt damals also hauptsächlich Seppls Vater Wilhelm, die Mutter hat mit dem Einmachen, der Hausarbeit und den Kindern vollauf zu tun. Als Nesthäkchen darf Seppl schon mithelfen: „Ich war ja doch kein böser Bub, und wenn sie mir was gesagt hat, dann habe ich das gemacht. Was da alles eingemacht wurde! So gut, wie es uns heute geht, so gut ging es uns aber nicht."

Unter dem Haus liegt damals der Keller für all das Eingemachte. Schön sortiert steht es da in den vielen grossen Weckgläsern, wenn auch der vielfarbige Inhalt in der staubigen Dunkelheit nicht so recht leuchten will. Auch die Kartoffeln und Rüben und der Kohlenvorrat finden sich hier. Die Treppe in den Keller führt an der Aussenwand entlang nach unten und ist, wie Seppl Becker unverblümt sagt: „Ein ewiges Dreckloch." Bei Regen läuft aus dem Garten eine wahre Sintflut dort hinein und nimmt ein Gutteil des lehmigen Bodens mit. *Später verlegt Seppl, der bis ins Alter keinen „Dreck" sehen kann, den Kellereingang ins Haus hinein. Dies ist auch eine Auswirkung seiner Zeit beim Militär:* „Wenn man sechs Jahre Soldat war, dann kann man keinen Dreck mehr sehen."

Sauberkeit und Ordnung werden Seppl später im Krieg zur zweiten Natur, gründliches Putzen wird ihm beigebracht. Er erzählt: „Samstag und Freitag war Fensterputzen in der Kaserne mit Zeitungen. Und dann ist der Spiess durchgegangen und hat geguckt. Mit Zeitungspapier, das ist das Beste. Wenn der Druck zu schwarz ist, muss man achtgeben, wenn es zu nass wird. Mit Wasser und Zeitungspapier haben wir die Fenster saubergemacht."

Noch aber liegt der zweite Krieg in der Ferne; kaum hat man

ja den ersten hinter sich gebracht. Die Zeiten sind schwer, das Leben nicht einfach und das Geld meistens knapp. Der Hausbau verlangt der Familie und vor allem dem Vater einiges ab. Obwohl Mutter Eva regelmäßig mahnt: „Ei, Willem, wie kannste dann jetzt nach der Inflation so ebbes mache?", beharrt der Ehemann auf seinem Plan: „Ich bau e Haus. Guck emol, der Boub, der will doch mal e bissi demmele, un dann klobbe die von unne ‚Ruhe, Ruhe!'" Diese Art Ruhe gönnt sich Vater Wilhelm eben nicht; er arbeitet zu dieser Zeit bei der Kelkheimer Firma Dichmann, die hochwertige Büromöbel produziert und als Firma Vario in Liederbach bis heute fortbesteht.

Firma Dichmann 1930

Bei Dichmann wird im Akkord geschafft bis um fünf Uhr am Nachmittag. Danach macht sich Vater Becker schnurstracks auf den Weg zum neuen Haus der Familie, das bereits im Rohbau steht. Bis zu seinem eigenen Tod im Jahr 2016 wird Sohn Seppl noch dort wohnen; nahezu ein Jahrhundert nach seiner Errichtung ist es immer noch das letzte Haus an der Biegung zum Klosterberg.

Den steilen Hang hinauf, vor allem nach dem langen Arbeitstag des Schreiners, das ist für Vater Becker sicher kein Spaziergang. Aus dem Rohbau heraus, den ganzen Winter zur Jahreswende 1927/28, baut Wilhelm Becker das Haus alleine fertig.

Geht es bereits auf elf Uhr abends und der Vater ist immer noch nicht daheim, so wird ihm der kleine Seppl nachgeschickt, auf einen Gang, der ihm sicher nicht immer leicht fällt: Der Aufgang zum Berg ist steil und dunkel, die Nacht finster, vom bewaldeten Hügel dringen unheimliche Geräusche im Wind knarrender Bäume und im Unterholz umherstreifender Tiere herüber. Beim Aufstieg zum neuen Haus kommt der Bub an einem barocken Wegkapellchen vorbei, das einst vom Müller der nahegelegenen „Fingersmühle" errichtet wurde, zu dieser Zeit aber schon recht mitgenommen ist, Feuchtigkeitsspuren zeigt und morsche Balken im beschädigten Giebel. In der Finsternis ist das immer mehr verfallende kleine Gotteshaus aber ein Trost für das Kind. Der Weg muss gegangen werden, damit Seppl den Vater heimholen kann, er kennt das schon.

„Die Mutter, die Eva, hat dann geflennt, und ich, der Jüngste, bin immer wieder zu meiner Mutter. ‚Josef, geh mal hoch,' hat sie dann gesagt, ‚geh mal hoch, hol deinen Vater, dem kann ja was passiert sein.' Und dann bin also ich als kleiner Bub hier hoch und hab gebettelt: ‚Vater, komm heim, die Mutter, die weint. Du kannst doch nicht hier allein bis elf Uhr …' Und dann hat er nichts gesagt und hat mich an die Hand genommen und dann sind wir halt hier runter, heim. So hat der Vater das den ganzen Winter gemacht. Der Winter ist in dem Jahr spät eingebrochen, erst im Februar, März. Und dadurch, dass der Winter so mild war, haben die Verputzer schon mal die Wände verputzt. Der Putz war ja frisch – und als dann doch noch der Winter einbrach, da wäre der Verputz runtergefallen, und dann hat der Vater hier Koksöfen geheizt, damit der Verputz nicht runterfällt."

Das neue Haus bringt der Familie aber nicht nur viel Arbeit – Arbeit beim Ausbau, beim Umzug, beim Putzen, Einrichten, beim Anlegen des Gartens, der täglichen Gartenarbeit und dem schon erwähnten reichlichen Einmachen. Es sind vor allem große Schulden gemacht worden, die sich in den wirtschaftlich schwierigen Zeiten nicht ohne weiteres tilgen lassen, mag Wilhelm Becker auch noch so viele Akkordstunden anhäufen. Dem kleinen Josef wird dies so früh klar gemacht, dass er sich sein ganzes Leben lang deutlich entsinnen kann: „Ich war der einzigste Bub, und dann hat er immer wieder gesagt: *‚Der Boub, der kriegt das Haus, und der muss die Schulden bezahlen.' Der Vater ist doch nicht Herr über die Hypotheken geworden.*" „Boub" – so klingt es mit Kelkheimer Zungenschlag, wenn die Väter von ihren Söhnen sprechen.

Wenn Seppl sagt, sie hätten damals keine Not gelitten, so hat er aus der damaligen Sicht recht: Niemand aus der Familie muss hungern, niemand erfriert, die Kinder müssen nicht über ihre Kräfte hinaus arbeiten und können zur Schule gehen. Aus heutiger Sicht ist die Not dennoch mit Händen greifbar: beim Mangel an Ausbildungsmöglichkeiten, beim Tod zweier von fünf Kindern, beim Arbeiten bis zur völligen Erschöpfung, vor allem auf Seiten des Vaters.

Die Möbelfabrikation verläuft damals in Arbeitsteilung. Verschiedene Schreinereien spezialisieren sich auf bestimmte Möbeltypen und stellen Bestandteile her für Schlafzimmer, Esszimmer oder Herrenzimmer. Auch Küchenmöbel finden guten Absatz, und manche, wie Dichmann, konzentrieren sich auf Büromöbel. In Zeiten der zunehmenden Geldentwertung sind gute Möbel ebenfalls eine Vermögensanlage, daher erfährt die Produktion Mitte der Zwanziger noch einmal einen Aufschwung. Besonders die Einführung von Furnierarbeiten sorgt für große Nachfrage bei den Kunden. Edelhölzer wie Kastanie, Kirschbaum, Eiche und Nussbaum, aber auch exotische Hölzer wie Mahagoni sind nun für breitere Kreise erschwinglich. Für jeden Geldbeutel soll es etwas zu kaufen geben – daher werden sowohl Kommoden und Nachttische mit echten Marmorplatten als auch welche mit marmorartig bemalten Holzplatten angeboten. Messingbeschläge oder gedrechselte Holzknöpfe, Einlegearbeiten oder schlicht aufgeklebte Schmuckleisten – alles ist eine Frage des Geldes. Möbel werden damals noch als Wertanlage für ein ganzes Leben angeschafft und an die Nachkommen weiter vererbt, nicht alle paar Jahre ausgetauscht; sie sind auf Solidität angelegt und sollen auch Umzüge unbeschadet überstehen können. Selbst dreitürige Spiegelschränke mit schwerem Fußteil und Aufsatzkrone lassen sich ohne Schwierigkeiten in ihre Einzelbestandtteile zerlegen und dann nahtlos wieder zusammenfügen. Nut- und Federverbindungen sorgen für Dauerhaftigkeit, selbst wenn viele Möbel zunehmend auch für ein schmaleres Budget gedacht sind. Immerhin gelingt noch im schon kritischen Jahr 1925 die erste Kelkheimer Möbelausstellung, die viele Besucher anlockt

Auch in den kommenden Jahren 1926 und 1927 wird diese noch einmal wiederholt. Kelkheimer Möbel sind gesucht, auch als Sicherheit für die ungewisse Zukunft. Die Befriedigung dieser Nachfrage hat aber auch ihren Preis. In kleineren Betrieben arbeiten die Gesellen dem Meister zu, der besonders bei den Feinheiten – der Furnierauswahl und -verarbeitung, der Endabnahme – gefragt ist. In größeren Firmen herrscht ein schnellerer, nahezu atemberaubender Takt. Die damals übliche Akkordarbeit ist hart und verlangt dem Arbeiter einiges ab. Die Unternehmer vergeben dabei einen Stücklohn – z. B. zehn Mark für einen Tisch, fünfundzwanzig Mark für einen Schrank etc. Diese werden dann maschinell in Einzelteilen vorbereitet, die vorgefertigt an den Tisch des Gesellen geliefert werden. Will dieser überhaupt etwas verdienen, so muss er in kürzester Zeit das Möbel fehlerfrei zusammenbauen und dann dem Meister vorführen. Ein Handgriff folgt dem anderen, und jeder einzelne muss sitzen, Müdigkeit oder Erschöpfung gefährden unmittelbar das wirtschaftliche Überleben. Präzise wie ein Uhrwerk muss die Arbeit ablaufen – so lässt sich der Stundenlohn hochtreiben. **Seppl gibt heute noch freimütig zu: *„Das hätte ich nicht gekonnt. Mein Vater war ein Schaffer. Ich kann nicht so schaffen. Ich seh' das Ausüben des Handwerks als Kunst."***

Bereits im Jahr der großen Möbelausstellung, im Herbst 1925, beginnt die Krise der Kelkheimer Möbelindustrie, die sich in den folgenden Jahren fortsetzt. Die Arbeitslosigkeit nimmt zu, gerade auch unter den Arbeitern der Höchstwerke. Der Möbelabsatz stagniert. Die Arbeitslosen können kaum noch für ihren Unterhalt aufkommen; Steuern und andere Abgaben drücken die Menschen nieder. Die Mieten verschlingen die Hälfte des Einkommens – und mehr. Viele Alleinstehende müssen sich vor allem in den Städten als Schlafgänger in den Küchen oder Wohnstuben anderer Familien einen Schlafplatz mieten, weil es zu einer eigenen, auch noch so bescheidenen Bleibe nicht reicht. Hat man sich ein ganzes Zimmer mieten können, so teilt man es sich in der Regel mit mehreren Schlafgenossen, auf Sofas und Matratzenlagern. Ein Bett kann sogar drei Schlafplätze hergeben, wenn die Mieter in Schichten schlafen, wobei jedem ein Tagesdrittel zusteht und das Bett so niemals auskühlt. Solche Wohnungsnot lädt nicht ein zu großen Anschaffungen teurer Möbel.

Dass das Geld daheim und auch im Rest von Kelkheim in dieser Zeit nicht locker sitzt, erfährt Seppl bei vielen Gelegenheiten. Alle Kelkheimer Schreinermeister sorgen damals noch mit einem zweiten Standbein gegen Notzeiten vor. Viele haben nebenher einen kleinen landwirtschaftlichen Betrieb; manche halten Hühner, die Eier für den Familientisch legen, einige ein Schwein, das Speck, Schinken und andere Köstlichkeiten wie „Blutworscht" liefert. Manche „Bessergestellte" können sich sogar eine Kuh leisten, aber die meisten haben doch zumindest eine Ziege.

Die Kelkheimer Familien sind traditionell in der Mehrheit katholisch, die Familien groß und kinderreich. Um sie durchzubringen, ist Geißenmilch eine kostbare, nicht zu verachtende Ressource. Der Zusammenhang zwischen Kinderreichtum und Ziegenhaltung spiegelt sich denn auch in einem frechen kleinen Liedchen vom Kreislauf des Lebens wider, das auf die zahlreich bevölkerte Hochstraße, die sogenannte „Gewimmelgaß", anspielt und an das Seppl sich später noch gut erinnert:

„Die Leut in der Gewimmelgaß,
die hawwe immer noch ihr'n Spaß!
Des sieht mer an der Kinnerschar
– es sin' schon widder neue da!
Un für die Kinner gibt's e Gaaß
– da hat dann aach der Gaaßbock Spaß!"

Damit die vielen Kinder sicher auf die Welt kommen und im Krankheitsfall versorgt werden, steht ein weiteres Kelkheimer Original bereit: Doktor Egenolf ist Tag und Nacht unterwegs – und zwar zu Fuß. Will ihn einer der wenigen Automobilführer der Umgegend einmal mitnehmen, verwahrt sich der Doktor energisch gegen die „stinkische Kutsch'" und lässt die Automobilisten betreten alleine weiterfahren. Jahrzehntelang ist er für die Kelkheimer da, auch wenn er manchmal etwas länger auf sein Honorar warten muss. Viele Patienten würden ihn ohnehin am liebsten in Naturalien entlohnen.

„Herr Wirt, en Schobbe mit Rippche un Kraut!" – Vom „Luxusleben" der Schreiner

Gerade für die vielen, in bescheidenem Rahmen etwas „größeren" Schreinereibetriebe ist die Zusatzversorgung mit Milch, Eiern und Speck, Gemüse und Obst aus der eigenen, nebenbei betriebenen Landwirtschaft besonders wichtig. Nach guter alter Manier leben, schlafen und essen die Gesellen dort im Haus und sitzen selbstverständlich mit am Familientisch. Da braucht es eine volle Speisekammer, denn Schreinern macht hungrig.

Seppls eigener Großvater besitzt, wie wir schon wissen, ebenfalls eine Werkstatt, und zwar in der Frankfurter Straße – das Haus ist mittlerweile aber schon lange abgerissen. Diese Werkstatt beschäftigt immerhin fünf Gesellen; auch der Enkel isst selbst nach dem Auszug an den Klosterberg oft am gemeinsamen Tisch mit.

Selbst wenn manche Schreiner ums Überleben kämpfen müssen – den Kelkheimern geht es teilweise doch deutlich besser als ihren Nachbarn aus den umliegenden Dörfern. Kleine Unterschiede erweisen sich als bedeutsam: Ringsum liegen die vielen „Ebbelwoi-Wirtschaften", wo die Schreiner nach der harten Arbeit einen Schoppen trinken – zu Josefs Zeiten für ganze fünfzehn Pfennige, was geradezu noch günstig ist – in Frankfurt liegen die Preise im heißen August bei saftigen achtzehn bis wucherpreisigen zwanzig Pfennigen!

Wirtschaften gibt es in Kelkheim zu dieser Zeit durchaus viele: In der Hauptstraße locken die „Krone" (mit eigener Metzgerei) und der „Löwe", an der Ecke zur Mühlstraße der „Taunus"; oben am Klosterhang liegt die „Klosterschenke"; beliebt ist auch das „Wiesenthal" mit seinem Saalbau. In der Bahnstraße kehrt man im „Schützenhof" ein, der dort mit seinem großen Garten unter hohen, dicht belaubten Bäumen Apfelweingenuss im Grünen verspricht.

Von den bescheidenen Schoppentrinkern und von der eigenen kleinen Landwirtschaft müssen ganze Wirtsfamilien leben. Hat aber ein Kelkheimer Möbelschreiner besonderes Glück, verkauft für gutes Geld und bekommt üppige Aufträge, dann geht er mit seiner Familie am Wochenende etwa nach Hornau oder Altenhain, vielleicht auch ins „Hohenstaufen" in Münster und genehmigt sich nicht nur den üblichen Äpfelwein, sondern unerhörterweise sogar noch Rippchen mit Kraut dazu. Dies trägt den bessergestellten Kelkheimern in der Umgebung den sprechenden Namen „Hochsaacher" ein, der aber oft gar nicht abwertend, sondern vielmehr (wenn auch manchmal widerwillig) anerkennend gemeint ist - schließlich reichen die „Hochsaacher" eben höher als die anderen, in mehr als einem Sinn.

Später, als Schreinergeselle, lernt Josef einige von diesen „Angebern" kennen – von den etwa 120 Schreinerbetrieben mit Familienanschluss zählt aber nur eine Handvoll dazu. Halb staunend erinnert er sich noch nach Jahrzehnten an vier oder fünf, die sich sogar über die Rippchen hinaus auch den unglaublichen Luxus eines Rumpsteaks gönnen und ihren Reichtum so mit dem ebenso durchdringenden wie verlockenden Duft nach saftigem, gebratenem Rindfleisch und Zwiebeln aller Welt verkünden.

So weit hat es Seppls eigener Großvater nicht bringen können, mit fünf Gesellen im Betrieb, die es ja auch mitzuversorgen gilt. Gelegentlich schlägt aber auch bei diesem einmal der Wunsch nach „Luxus" durch. Dann zieht sich der Großvater schon am Mittwochmittag die Schürze aus, lässt die Gesellen alleine schaffen und setzt sich „auf einen Schoppen" in die Wirtschaft. Selbst sein bescheidener nachmittäglicher Apfelwein für fünfzehn Pfennige gilt schon als ungewöhnlich und als etwas „Besonderes", das Aufmerksamkeit und Respekt hervorruft.

Die Enkel, Seppl und Klein-Röschen vor allem, finden bald heraus, wo der Großvater steckt, folgen ihm in die Wirtschaft und hängen sich an seinen „Rockzippel", bis für sie ein Zitronenwasser oder auch mal ein Schluck „Gespritzter" abfällt. Der Großvater, so erinnert sich Josef, hat aber auch oft Pech gehabt. Das Grundstück gibt er seiner Tochter Eva in die Ehe mit, die Söhne bekommen dann den Betrieb, in dem für den Schwiegersohn Wilhelm, obwohl dieser ein solcher „Schaffer" ist, kein Platz mehr ist. Nach dem Tod der Großmutter nehmen die Söhne den Großvater nicht bei sich auf, obwohl dies bei der Betriebsübernahme üblich gewesen wäre, sondern deuten auf Schwester Eva: „Die Eva hat ja jetz' e Haus gebaut, da gibt's e Stubb, da kimmt jetz' der Großvatter nei." Solche Sorgen – wo bleibt der Altbauer, der ehemalige Meister oder seine Witwe? – sind fester Bestandteil bäuerlichen Lebens und des Alltags vieler Handwerker; sie betreffen zahlreiche Familien und sorgen oft für Zwist und Schwierigkeiten.

„Und da war die Eisenbahn kaputt." – Kein Geld für Extrawünsche

Als Kind hat Josef mit dem Schreinern noch nichts im Sinn. Gerne möchte er lernen, vielleicht sogar studieren und später Priester werden. Die Fratres im Kelkheimer Franziskanerkloster haben es ihm angetan.

Den einfachen Verhältnissen daheim zu entkommen, erweist sich jedoch als sehr schwierig.

Hungern muss man nicht, aber an allen Ecken und Enden muss gespart werden; schließlich drücken die Schulden des Hausbaus, und die drei überlebenden Kinder wollen ernährt werden. Alle sollen etwas lernen, für die Mädchen muss eine Mitgift, für den Buben Lehrgeld abfallen. Schulbücher und Schiefertafeln kosten Geld, ebenso Schuhe, die meist auf Zuwachs gekauft und mit notfalls mehreren Paar Strümpfen, zusätzlichen Pappsohlen als Einlage oder auch mit etwas Zeitungspapier passend gemacht werden. Kleider, Hemden und Hosen werden ebenfalls auf Zuwachs genäht, mit viel Zugabe am Saum und an der Manschetten zum Herauslassen. Erbt man diese Kleidungsstücke vom nächstgrößeren Bruder oder der Schwester, wird dann alles wieder gekürzt und mit Abnähern verengt, um es passend zu machen. Selbstverständlich tragen die Mädchen und oft auch die kleinen Buben über der Kleidung schützende Schürzen, meist von unauffälliger Farbe, die nicht schmutzt, aber immerhin mit bunten Litzen abgesetzt ist. Weißwäsche, eingezogene, farbige Bändchen, Lochstickerei: Das gibt es vor allem für die Kinder von reichen Leuten, bei den meisten Kelkheimern geht es bescheidener zu. Unterwäsche ist selbstgemacht, aus durablem Leinen: stabile Unterröckchen, Leibchen auf Zuwachs zum Knöpfen mit Strumpfbändern, an denen die langen, selbstgestrickten Strümpfe festgemacht sind, die häufig rutschend „Wasser schlagen", fürchterlich kratzen, aber nicht kaputtzukriegen sind – alle eventuellen Löcher lassen sich wieder stopfen und machen das Gewebe noch stärker. Feste Jacken, Fäustlinge und Mützen werden gleichfalls selbst gestrickt und spenden Wärme im Winter. Nur am Sonntag trägt man etwas Besonderes, ein neues Kleid, die gute Haarschleife, einen frischen Kragen oder bessere Schuhe, wenn es in die Kirche geht.

Selten gibt es einmal etwas außer der Reihe: mal das Zitronenwasser, das der Großvater spendiert, mal ein paar dauerhafte „Klunscher" zum Lutschen oder einen geschenkten Apfel. Andere Genüsse sind fast unerschwinglich: Zwar gibt es seit Mitte der Zwanziger Jahre zwei Kinos in Kelkheim – 1919 eröffnen die „Staufen-Lichtspiele" in der Bahnstraße und 1925 die „Taunus-Lichtspiele" in der Hauptstraße – aber woher soll man das Geld für den Eintritt nehmen? Zu dieser Zeit kommen erstmals Tonfilme auf; eine echte Revolution. Zuvor waren alle Filme tonlos, dauerten selten länger als ein paar Minuten und wurden durch im Hintergrund gespielte Klaviermusik belebt. Vielen Kelkheimer Kindern bleibt nur die Möglichkeit, sich im Schaukasten die Photos der Filmschauspieler anzusehen und sich wilde Geschichten dazu auszudenken; die Wunder des damals ganz neuen „sprechenden Films" kennen sie nur vom Hörensagen. Neben dem Notwendigsten bleibt wenig Raum und Geld für Extrawünsche.

Weihnachten ist etwas Besonderes, auch in knapperen Familienverhältnissen versucht man, den Kindern etwas zu bescheren. Im Vergleich zu heute natürlich in viel bescheidenerem Maß. Dennoch sind die Kinder überglücklich. Bekommt man einen Teller voller Lebkuchen, Nüsse, Mandeln und Äpfel, dazu vielleicht sogar einen unerhört exotischen Luxus wie eine Orange, so fühlt man sich schon wie ein König. Dazu gibt es manchmal noch etwas „Dauerhaftes" – und zwar durchaus gerne etwas zum Anziehen, Mütze, Fäustlinge, Strümpfe oder eine neue Schürze, vielleicht auch Schultafel und Fibel. Darüber freut man sich sehr, denn roten Ohren und Frostbeulen wird auf diese Weise vorgebaut; eine alles abdeckende Schürze schont das einzige gute Schulkleid. Eine neue Fibel oder die Tafel werden als Ehrenzeichen der künftigen ABC-Schützen angesehen und schon lange vor Ostern, dem Einschulungstermin, häufig durchblättert oder mit dem Griffel bemalt (und mit Spucke wieder sauber poliert). Spielsachen sind alles andere als selbstverständlich und, wenn nicht selbstgebaut, von bescheidenen Dimensionen. Die einzige Puppe, ein kleiner Wagen zum Nachziehen oder ein „Schockelgäulche", ein abgeschabter Bär, ein Springseil oder ein paar Bauklötze machen oft den einzigen Besitz aus, der in kinderreichen Familien wie auch die Kleidung von einem zum anderen wandert.

Man spürt noch heute die Mischung aus Vorfreude und großer Enttäuschung, wenn Josef Becker von einem besonders heiß ersehnten Weihnachtsgeschenk erzählt:

„Bei uns gab es zu Weihnachten oder zum Geburtstag auch Geschenke, aber keine großen. Ich war ja technisch veranlagt; da hab ich gesagt: ‚Vater, ich hätt so gern eine Eisenbahn.' Mein Vater hat mir also eine Eisenbahn geschenkt, das heißt, das Christkind hat die ja gebracht. Wir hatten so einen runden Tisch, der war ein bisschen kleiner und in der Mitte stand der Christbaum. Dann wurde geläutet, und wie wir dann rein kamen, da war diese Uhrwerkseisenbahn, und die ist so schön immer rundum gefahren, und bums! Auf einmal ist sie runtergefallen. Und da war die Eisenbahn kaputt. Für eine neue war kein Geld da."

Die herbe Enttäuschung des kleinen Buben schwingt noch Jahrzehnte später in der Stimme des Siebenundneunzigjährigen mit; man kann sich auch die Mischung aus Mitleid, Ärger und Hilflosigkeit der Eltern vorstellen, die es so gut gemeint und sich auf das begeisterte Kindergesicht gefreut haben. Dennoch wird diese Episode eher wortlos übergangen – was lässt sich schon tun, wenn das einzige Geschenk kaputtgeht und kein neues zu beschaffen ist?

Josef tröstet sich als junger Mann mit Märklinbausätzen und sogar einer Dampfmaschine. Als er selbst einen Sohn hat, baut er diesem eine große Bahnanlage mit vielen Gleisen und allem Zubehör und gibt zu: „Da hat der Vater mehr gespielt als der Sohn." Die erste Eisenbahn aber hat Seppl sein ganzes Leben lang nicht vergessen.

„Klunscher, Lichtspiel, Grammophon" – Konsum in Kelkheim

Es ist nicht so, dass es gar nichts zu kaufen gibt – Mitte der Zwanziger haben sich drei Banken in Kelkheim angesiedelt, auch an Läden mangelt es nicht. Es gibt sogar die erwähnten Kinos, die dem, der ein paar Groschen aufwenden kann, Einblicke in fremde Welten gewähren. Fritz Langs „Nibelungen", vor allem der zweite Teil – „Krimhilds Rache" –, erschüttern in dieser Zeit die Zuschauer.

Wenige können sich einen Radioapparat leisten – damit kann man den neuen Frankfurter Rundfunk empfangen, der schon seit März 1924 sendet. In der nahen Stadt tanzt man sogar schon die gewagten neuen Tänze: den Shimmy, den Boston und den Samba. Die Schritte kennt die Kelkheimer Jugend noch nicht unbedingt, aber die neuen Klänge finden durchaus ihre Liebhaber. Man sucht dringend nach Unterhaltung, nach Ablenkung, nach ein bisschen Freude. Aber selbst die besonders beliebten „Hits" der Zeit sprechen eine eigene Sprache von Mangelernährung, Geldknappheit und Wohnungsnot. Am meisten hört man in Frankfurt Titel wie „Ausgerechnet Bananen!", „Ich hab ein Stübchen im fünften Stock…" und „Ich hab dich gern, mein Freund, weil du Devisen hast!". Ob die biederen Bürger in Kelkheim solche Lieder auch hören (vielleicht sogar bei offenem Fenster an warmen Abenden, so dass diese und noch eindeutigere Texte ein breiteres Publikum erreichen), hat Herr Becker aber nicht verraten. Manche Lieder kann man sogar auf Schallplatten erwerben und auf dem heimischen Grammophon abspielen – einmal gehört, prägen sie sich ein und werden neben den bekannten Volksliedern gesungen und gesummt. Unsicherheit und Unschlüssigkeit, aber auch eine Ahnung von neuen, aufregenden Möglichkeiten (wenn sie nur erschwinglich wären) finden sich wieder in Texten wie „Ich sag nicht ja, ich sag nicht nein, ich weiß nicht, was ich will…".

Schon zu Beginn des Jahrhunderts rückte die große Welt Kelkheim auf verschiedene Weise näher: Nach dem Bau der Eisenbahnlinie mit einer Station in Kelkheim im Jahre 1902 kamen Sommerfrischler und Luftkurbedürftige, nach der Errichtung des Klosters Wallfahrer. Die Kelkheimer konnten nun sowohl Höchst als auch Frankfurt schneller erreichen. Kelkheimer Attraktionen sind geprägt durch die Nähe zur Bahn, die Schönheit der Landschaft, die gesunde Luft und die Anbindung ans Kloster. Schon ein Jahr nach Einzug der Franziskaner gibt man ein geistliches Festspiel im Schützenhof, das Gäste sogar aus Kronberg und Wiesbaden anlockt. Auch in den Zwanzigern macht das Kloster mit einem Theaterstück von sich reden: Pater Böhlen verfasst ein Heimatspiel („Kelkheims Rettung oder: Der Klausner von Gimbach"), das mehrfach im Gastsaal des „Taunus" zur Aufführung kommt und dann durch die umliegenden Gemeinden zieht. Der Einfluss der Franziskaner sorgt sicher auch dafür, dass städtische (Un-)sitten das beschauliche Kelkheim nicht überrollen.

Als kleiner Bub drückt sich Seppl gern die Nase an Schaufenstern platt, die damals noch bescheiden klein sind und nur eine geringe Auswahl an Waren zeigen. Trotzdem ist das Angebot durchaus reichhaltig: So gibt es ein Spezialgeschäft für Motorräder und Fahrräder, in dem auch die erste Kelkheimer Fahrschule angesiedelt ist. Erste Zapfsäulen für Automobile werden aufgestellt – vor der Taunus-Drogerie in der Friedrichstraße und einer gutbesuchten Wirtschaft, dem Schützenhof. Dass Schoppentrinken und Autofahren nicht die glücklichste Kombination sind, spielt in Zeiten fast leerer Straßen und geringer Höchstgeschwindigkeiten noch keine Rolle.

In der Wilhelmstraße lockt das „Frankfurter Kaufhaus" seine Kunden. Neben Metzgern und Bäckern beleben Drogerien, Eisenwaren- und Schreibwarenhandlungen, Friseure, Cafés und die Schaufenster der ausstellenden Möbelwerkstätten das

Straßenbild. Noch gibt es keine Supermärkte – Gemischtwarenhandlungen bieten ein breites Warenangebot von Kurzwaren über Nährmittel bis hin zu Küchenschürzen und Pfeifentabak.

Hier wie überall gilt jedoch die Zahlungskraft des Kunden – hat man kein Geld, so lässt sich auch nichts erwerben. Ist das Schaufenster auch noch so klein, neben der Ladentür gelegen und mit Sprossen unterteilt, die den Blick hemmen: Es enthält doch immer das eine oder andere, das man gerne besäße, sich aber nicht leisten kann. Selbst ein paar Pfennige für ein Tütchen vielfarbig gestreifter „Klunscher", an denen sich lange lutschen lässt, für ein paar Hauchbildchen, wie sie die Mädchen gerne tauschen, oder auch für ein Säckchen Klicker sind Mangelware. Oft bleiben nur sehnsüchtige Blicke – und der Traum, eines Tages eine ganze Mark im Rinnstein zu finden!

„Klickers, Dobsch und Rasselbock" – Gespielt wird immer

Trotz der ernsten Zeit hat Seppls Kindheit aber auch ihre schönen Seiten: das Essen bei den Großeltern, wo ihm der eine oder andere gute Bissen extra zugesteckt wird, das Zitronenwasser, das der Großvater ab und zu in der Wirtschaft springen lässt, die Gemeinschaft mit den Schwestern, den Schulkameraden und den vielen Nachbarskindern, die große Freiheit in dem neugebauten, so teuer zu bezahlenden Haus. Mit dem Bruder, der vierzehn Jahre älter ist und schon als junger Mann verstirbt, hat Josef nicht viel Zeit verbringen können. Nun sucht er sich unter den gleichaltrigen Buben aus Kelkheim Freunde zum gemeinsamen Spiel.

Die Frankfurter Straße, wo Seppls Großvater seine Werkstatt hat, ist in den späten zwanziger Jahren bereits asphaltiert. Dort spielen die Jungen mit Ausdauer und Begeisterung „Klickers". Man gewinnt sich gegenseitig Murmeln ab, indem man geschickt nach denen der anderen Spieler zielt. Verschiedene Spiele mit vielerlei Regeln gibt es; die Klicker zählen unterschiedlich je nach Wert, ansteigend von den einfachen Tonkugeln, von denen schon bald die Farbe abplatzt, wenn sie denn überhaupt lackiert sind, bis hin zu kostbaren Glasmurmeln mit farbigen Wirbeln in der Mitte. Sucht man sich eine lehmige Stelle, kann man „Kautches", also kleine Löcher, in die Erde graben, in die die Klicker geschoben werden müssen. Auf dem neuen Asphalt aber spielt man andere Spiele, man zielt nicht auf die „Kautches", sondern auf die Vorlage des Gegners; hier laufen die Klicker wie von selbst und einer gewinnt dem anderen seinen Vorrat ab. Manch einer kommt am Anfang mit einer Handvoll Tonklicker und zieht am Ende siegreich unter den bewundernden und neidischen Blicken der Mitspieler mit einem Beutel voller wertvoller Glasmurmeln ab.

Man „dobscht" auch häufig mit Kreiseln – eine Peitschenschnur um die vorgedrechselten Rillen wickeln, kräftig ziehen und schauen, wie der dreifarbige Kreisel auf dem in seinen Boden getriebenen Nagel tanzt; man wetteifert, wessen Kreisel sich am besten dreht und am längsten durchhält.

Manch einer hat einen Ball, damit lässt sich viel anfangen. Vor allem die Mädchen spielen stundenlang und bringen es dabei zu großer Geschicklichkeit, wenn sie den Ball bald mit beiden Händen, bald nur mit der linken oder rechten, gegen die Wand werfen oder „aufdotzen" lassen, in die Hände klatschen, sich drehen und viele andere schwierigere Aufgaben erfüllen, bevor sie ihn wieder fangen. Auf den neu gepflasterten Gehsteigen springt der Ball besonders gut. „Hickelkästchen", also „Himmel und Hölle", lässt sich auf der glatten Asphaltfläche der neu geteerten Straßen ebenfalls gut spielen, auch mit dem Springseil hat man viel Vergnügen, und den wenigen Wagen kann man damals noch gut ausweichen.

Für die Kinder zahlt sich vor allem so die Fortschrittlichkeit der Kelkheimer Gemeindevorsteher aus, die vergleichsweise früh die damaligen „Neuerungen" wie Elektrizität, Wasserleitungen und Bürgersteige einführen[1]. Die vielen Erdarbeiten machen die Erneuerung der Straßen notwendig, so wird asphaltiert und gepflastert (auch wenn man dabei wohl weniger „Klickers" und „Dobsch" im Sinn hat).

---

[1] Das junge Jahrhundert bringt viel Neues mit sich: 1902 wird der Kelkheimer Bahnhof mit dem Anschluss an die Strecke Höchst-Königsstein eingeweiht, damals noch unter dem Namen „Kelkheim-Fischbach" und im freien Feld gelegen. Ab diesem Jahr fährt die alte Postkutsche Kelkheim nicht mehr an. Nachdem 1905 der Anschluss an das Stromnetz und 1908 die Errichtung des Wasserwerks (Fertigstellung 1910) mit der Verlegung von Wasserleitungen und dem Bau von Abwasserkanälen folgen, sind 1910 die Straßen an der Reihe: Einige werden asphaltiert. Im selben Jahr werden Gehsteige gepflastert und ermöglichen ein Fortkommen, das so komfortabel ist wie in der Stadt. 1908 zieht die neue Post in der Bahnstraße ein, muss aber 1912 bereits aus Platzmangel in die Poststraße verlegt werden. Das neue Gebäude weist sogar einen Fernsprechapparat auf, den man allerdings nur für besondere Anlässe nutzt, da das Porto für Briefe und Postkarten natürlich viel billiger ist und die Post auch häufiger ausgetragen wird.

Spielmaterial, das nichts kostet, liefern auch die vielen Schreinerwerkstätten. Ob sich die Mädchen Hobelspäne als goldgelbe Ringellocken ins Haar hängen oder zu langen Halsketten und Kränzen winden und um die brav geflochtenen Zöpfe schlingen, ob man sich Abfallklötzchen zum Häuser- und Türmebauen zusammenbettelt, ob dünne Leisten für einen Drachenbau abfallen oder ein freundlicher Onkel oder Großvater einem ein Steckenpferd zusammenleimt – arm an Ideen sind weder Kinder noch Erwachsene. Allenfalls fehlt es der Arbeit wegen an Zeit. Wenn diese es zulässt, werden sogar Puppenbetten und Schränke verfertigt, kleine Küchen oder gar ganze Kaufläden. Diese sind besonders verlockend: mit vielen Regalen, Schubladen und einem richtigen Ladentisch, an dessen metallenen Haken selbstgefertigte „Papierdutte" baumeln, die man dann mit Liebesperlen und Marzipankartoffeln, vielleicht auch nur mit Apfelschnitzen füllt – oder mit reiner Vorstellungskraft, wenn es zur weiteren Ausstattung des Ladens mit Essbarem nicht gereicht hat.

Gelegentlich werden auch Puppenküchen und ganze Puppenhäuser mit Möbeln als Weihnachtsgeschenk für mehrere kleine Töchter gebaut, von denen oft jede ein Stockwerk oder wenigstens ein Zimmer in dem Spielhaus ihr eigen nennen darf. Viele Schreiner fertigen allerdings auch Miniaturmöbel an, die gar nicht zum Spielen gedacht sind: Deren Detailreichtum und ihre sorgfältige Ausführung weisen sie als Musterstücke aus, die die Fähigkeiten des Urhebers beweisen und Kunden überzeugen sollen. Aber auch diese Mustermöbel finden manchmal über Umwege später den Weg in die Stuben der Kinder, wenn ihr Stil nicht mehr modern ist.

Die ländliche Umgebung lässt den jungen Kelkheimern viel Platz und bietet auch Freiheit. Erst langsam wird Baugrund erschlossen, es gibt noch viel Grün und landwirtschaftliche Flächen in und um Kelkheim herum, auch wenn sich in Josefs Jugend der

Ortskern langsam vom Fuß des Klosterbergs aus in Richtung der neuen Eisenbahnstation verschiebt. Noch ist der ganze Bereich des Haingrabens frei, wenn ihn auch Haupt- und Bahnstraße, Frankfurter Straße und Töpferstraße einschließen. Gemüsegärten rahmen die Rückseiten der Gebäude ein.

Die allmählich auftauchenden Tanksäulen stehen noch etwas verloren an den Straßen, standuhrhoch und schlank, meist mit zwei Zapfhähnen an Schläuchen versehen; sie erinnern entfernt an die später auftauchenden Säulen, die Fernsprechapparate tragen. Die Automobile haben noch Seltenheitswert, und ihre Fahrer locken gleich neugierige Zuschauer an, wenn sie tanken oder gar eine Reifenpanne beheben müssen.

Die Hauptstraße mit ihrer Doppelreihe alter Häuser, oft ein-, manchmal zweistöckig, windet sich schmal zwischen den neuen Bürgersteigen dahin, an den Straßenrändern glänzt neben der neuen Asphaltdecke noch das Kopfsteinpflaster. Aufnahmen, die die Straße mit Menschen belebt zeigen, machen einen seltsam unproportionierten Eindruck: Selbst bei den zweistöckigen Häusern sind die Geschosse so niedrig, dass die Menschen überdimensional groß wirken.

Die alten Flurnamen sprechen von der ländlichen Vergangenheit:

„Steinern Brück", „Großer und Kleiner Mühlgrund", „Thorwies", „Über den Krautgärten", „Im Brühl", „Am Dutzend Nußbäum", „Neuhohl", „Gäulscheer", „Ober der Mühl" – Josefs Generation kennt diese Bezeichnungen noch.

Wird man nicht daheim zu Arbeiten herangezogen, nämlich im Garten, in der Schreinerei oder der Landwirtschaft, gibt es in den freien Stunden viel zu erleben. Dann macht man sich nach der Schule gern gleich aus dem Staub. Die Felder und Wiesen locken;

ringsum erstrecken sich die ausgedehnten Obstkulturen, in denen bienenumsummt die Früchte reifen. Während es Schläge setzen kann, wenn man sich an fremdem Obst vergreift, gibt es genügend Gelegenheiten, wilde Beeren und Nüsse einzuheimsen; man kann Sauerklee sammeln und aus der gelben Taubnessel den Nektar „suckeln".

In Münster liegt der „Krotteweiher", eine ehemalige, nun mit Wasser gefüllte Tongrube, an und auch in der es sich an heißen Tagen bestens spielen lässt. Auch der Liederbach bietet die Möglichkeit, im erfrischenden Nass zu waten und zu planschen – selbst wenn er damals durch die Einleitung der Abwässer eine algendurchwachsene rechte „Dreckbrühe" ist, wie sich Seppl erinnert. Geschadet hat es den Kelkheimer Kindern offenbar nicht, sich in dem damals noch wenig sauberen Gewässer zu amüsieren – „wir sind alle drei über neunzig geworden," sagt Josef – obwohl er und seine Schwestern in ihrer Kindheit ausgiebig im Liederbach gebadet haben.

Nimmt später die Sommerhitze ab, gibt es andere, neue Vergnügungen: Kartoffelfeuer umwölken im Herbst die Äcker, wenn das welke Kraut verbrannt wird; in der glühenden Asche brät man die frischen Knollen, die sich dann unter der schwarzen Kruste verlockend gelb aufbrechen und verzehren lassen (wobei man sich natürlich sowohl die Finger als auch die Zunge verbrennt, was dem Vergnügen aber keinen Abbruch tut). Zur „Kerb" kommen manchmal Schausteller vorbei, auch eine Schiffschaukel findet dann ihren Weg nach Kelkheim und fordert besonders Mutige dazu heraus, so hoch wie möglich zu schwingen, um sich beinahe mit der Schaukel zu überschlagen.

Gerne spielen die Buben auch Streiche – wie das beliebte „Rasselbock fangen", das sich vor allem im Herbst gut durchführen lässt. Die Bauern sind dann wegen der früher einsetzenden

Dämmerung zeitig daheim und sitzen in Stube oder Küche. Da die Fenster in den alten Häusern so niedrig liegen, gelingt es den Buben leicht, ungesehen eine lange Schnur mit einem Reißnagel am Fensterrahmen zu befestigen. Dann wird mit einem Stück Harz darüber gestrichen wie beim Violinspiel mit dem Bogen über die Saiten. Die Töne dieser Harzgeige sind wahrlich schauerlich und treiben meist schnell einen erzürnten Bauern vor die Tür, so dass man tatsächlich einen „Rasselbock" gefangen hat.

Ähnlich erfolgreich ist das Aushöhlen einer „Dickwurz", in die man noch ein Gesicht hineinschneidet. Mit einer Kerze darin wird diese Geisterlaterne heimlich aufs Küchenfensterbrett gestellt, bis von innen Schreckensschreie erklingen. Meist heißt es danach, die Beine in die Hand nehmen, denn mit Ohrfeigen und anderen schmerzhaften Erziehungsmaßnahmen ist man damals schnell bei der Hand!

„Ene, Mene, Tintenfaß" – Vom Ernst des Lebens

Sieht man auf dem Klassenphoto den kleinen Josef mit seinen Kameraden in der Bank sitzen, glaubt man kaum, dass diese brav dreinblickende Schulklasse überhaupt zu Streichen fähig ist.

Die erste Klasse mit Lehrer Semrau

Streng sind damals die Regeln in der Schule, das sieht man schon an der zeittypischen Sitzordnung, die Buben und Mädchen trennt. Die erst 1903 eingeweihte neue Schule wird bereits nach acht Jahren erweitert, so dass sie nun immerhin über vier Klassenräume und drei Lehrerwohnungen verfügt. Trotzdem teilen sich meist zwei Jahrgänge einen Raum; nur die ersten und zweiten Jahrgänge werden zunächst getrennt unterrichtet.[2] Ab der dritten Klasse sitzen die Kinder mit den Schülern der vierten Klasse in einem Raum, und alle gemeinsam sollen sich nun auf den Stoff für das fünfte Schuljahr vorbereiten, denn das vierte Schuljahr ist das Abgangsjahr für alle, die aufs Gymnasium nach Königstein

[2] Das alte Gebäude ist heute noch in der Kelkheimer Schulstraße zu sehen.

wechseln möchten. Die Jahrgänge von 1918 und 1919 teilen sich also einen Klassenraum und die üblichen Schulbänke, bei denen das durchgehende Pult zugleich die Rücklehne der Sitzbank in der Vorderreihe bildet. So ist es wohl gut, dass Knaben und Mädchen getrennt sitzen – zu verlockend könnten die langen Zöpfe der Mitschülerinnen, wenn sie über die Lehne aufs Pult hängen, zum Ziehen einladen – oder gar dazu, die schleifenumwundenen Enden rüde ins Tintenfass zu tunken – mit fatalen Folgen für die gestärkten Schürzen und Kragen! Viele Mädchen tragen die Haare aber auch ordentlich in einem Kranz um den Kopf geschlungen – oder offen, kinnlang und mit riesigen Schleifen, die wie helle Schmetterlinge auf dem Scheitel sitzen.

Schiefertafel und Griffel liegen auf den Pulten, eine Rille im Holz nimmt Bleistifte und Federhalter auf. Tornister und Fibeln sind unter den Bänken verstaut. Die Buben sitzen vorne und auf der linken Seite, die Mädchen dagegen rechts und weiter hinten. Vierundzwanzig Paar Kinderaugen schauen ernst auf den Photographen, während Lehrer Semrau strengen Blickes das Ganze überwacht. Der kleine Josef sitzt in der zweiten Reihe – als dritter von rechts, den Kopf geneigt und leicht vorgestreckt, um an seinem Vordermann, dem Namensvetter Josef, vorbeisehen zu können. Seppl, der Technikfreund, scheint sich zu überlegen, wie das hölzern-glänzende Ungetüm von Kamera mit seiner samtenen Tuchabdeckung, seiner Blitzvorrichtung und seinem Linsendeckel wohl funktioniert.

Vier Schuljahre sollen die Kinder beisammen bleiben, zum fünften Schuljahr hin wechseln alle, deren Eltern es sich leisten können, aufs Gymnasium nach Königstein. Den sogenannten „Unternehmerkindern", deren Väter wohlhabende Meister, Direktoren, sogar Fabrikbesitzer sind, soll es in ihrer Ausbildung an nichts fehlen. „Aber", so erzählt Seppl, „nach nur einem Jahr waren sie alle wieder da." Die damalige Volksschule in Kelkheim kann sie auf das Gymnasium nicht ausreichend vorbereiten. Ein einziger Knabe schafft es auf der weiterführenden Schule. Sein älterer Bruder ist bereits Franziskaner, daher liegt der Mutter besonders daran, dass der zweite Sohn eine gute weltliche Ausbildung erhält. Dieser Klassenkamerad heißt ebenfalls Josef, ist „ein lieber Kerl", wie der ältere Seppl sagt, und schaut auf dem Klassenphoto treuherzig unter seinen Ponyfransen hervor. *„Im Frankreichfeldzug ist der gleich am ersten Tag gefallen,"* erinnert sich Josef Becker heute noch an seinen gleichnamigen Klassenkameraden. Die „beiden Josefe" verstehen sich gut und verbringen viel Zeit miteinander. Viele Männer aus dieser Generation müssen solche Vergleiche angestellt haben zwischen sich selbst und dem besten Jugendfreund: Der eine entkommt dem Krieg, der andere nicht. Die Frage nach dem „Warum?" lässt sich nie wirklich beantworten.

„Becker! Becker!": Mörike und Rohrstock – Krieg im Klassenzimmer

Obwohl es in der Schule streng hergeht und auch öfters Schläge oder Ohrfeigen setzt, lernt Seppl Becker im Grunde gern. Wenn es auch viele Kinder gibt, so ist der Lehrkörper doch überschaubar: Außer dem Rektor unterrichten noch vier andere Lehrer. An einige hat Josef aber keine gute Erinnerung. Manche von ihnen standen schon im ersten Weltkrieg im Feld. *„Und Krieg ist nichts Gutes"*, sagt Seppl als alter Mann. *„Für den einen oder anderen bleibt die Erinnerung auch nachher in seinem Zivilberuf. Das haben einige lang mit sich getragen, das Soldatsein, das Kriegführen. Und einige sind manchmal in die Klasse hereingekommen und haben uns unvorbereiteten Stoff abverlangt. Also, angenommen, Montag, da wäre Geographie gewesen. Das war meine beste Stunde. Ich hab die ganze Welt auswendig gekonnt. Und dann hatte dieser Lehrer sich nicht vorbereitet und hat gesagt: ‚Also wir hätten jetzt zwar Geographie, aber jetzt nehmen wir mal Deutsch, und zwar Gedichte.' Und ich hab ja vorn gesessen. ‚Becker!' hat er dann laut gerufen."*

Wenn der fast Hundertjährige die Geschichte später erzählt, fährt man beim Hören richtig zusammen, sobald er plötzlich den Tonfall seines Lehrers imitiert: „Becker! Der hat net ‚Josef' gesagt. ‚Becker!' Immer wenn ich den Namen so hör, das hat mich die ganzen Jahre begleitet! ‚Becker!' Na, es war also Frühling, und dann hat er mich das Gedicht von Mörike aufsagen lassen: ‚Frühling lässt sein blaues Band wieder flattern durch die Lüfte, süße, ungeahnte Düfte ... Düfte ... Düfte...' – ‚Was Becker, nicht vorbereitet?' – Und dann hat er mir zehn mit dem Rohrstock übergezogen. Solche Dinger haben die mit uns gemacht."

Dass Mörikes Frühlingsgedicht Anlass zu solchen unerfreulichen Auswüchsen bieten würde, hätte der Dichter selbst sicher nicht gebilligt. Die Schuldisziplin wird meist sehr rigoros gehandhabt. Selbst bei Schulausflügen, die Seppl wegen der „weiten" Fahrt und der ungewohnten Landschaft mit ihrem schönen Ausblick genießt, geht es sehr gesittet zu. Auch hier ist die strenge Aufsicht des Lehrers im Hintergrund Garant für möglichst untadeliges Benehmen.

Schulausflug zum Brunhildisfelsen

Bei allem Widerwillen gegen die Selbstherrlichkeit und Tyrannei einiger Lehrer spürt jedoch schon der junge Seppl selbst, dass mit diesen Lehrern etwas nicht stimmen kann – und er ahnt auch, was es ist: nämlich dasselbe, was seinen eigenen Vater umtreibt, der oft so rauh und kurz angebunden ist und der nach Jahrzehnten erstmals Gefühle zeigen wird, als sein als vermisst geltender Sohn aus dem Zweiten Weltkrieg zurückkommen wird.

Eine ganze Generation von Männern trägt das Erleben der Zeit in den Schützengräben im „Großen Krieg" mit sich herum, hat nach außen hin als männlich zu gelten und die Erlebnisse abzutun – die sich, unverarbeitet, umso deutlicher Bahn brechen.

Doch gibt es auch Lehrer, mit denen Seppl gut zurechtkommt: Klassenlehrer Semrau bildet so eine Ausnahme, wie auch Schulrektor Winter, mit dessen Sohn Seppl als Kind befreundet ist. Die Familie Winter besitzt ein großes Grundstück mit Obstbäumen, wo Seppl im Herbst Äpfel lesen helfen darf. Und in einer stillen Stunde gesteht ihm damals der Rektor ein: „Josef, ihr hattet keine gute Ausbildung. Ich habe Euch jetzt in der siebten Klasse und muss mit dem Stoff der fünften Klasse anfangen." In den ersten Jahren wird viel versäumt, es rächt sich, dass immer zwei Jahrgänge in einer Klasse sitzen, dass oft kriegsversehrte, verhärtete oder erschöpfte Lehrer Dienst tun, deren Ausbildung selbst nicht immer geradlinig verlaufen ist. Der Rektor übernimmt die Kinder in der sechsten Klasse, wo sich die großen Lücken in den Grundkenntnissen bemerkbar machen. Selbst sein eigener Sohn, der die gleiche Schule besucht hat, hinkt mit dem Stoff weit hinterher. Rektor Winter gibt seinem Sohn daher Nachhilfestunden und gibt Seppl eine wichtige Botschaft an dessen Eltern mit: „Josef, ich muss meinem Sohn Nachhilfeunterricht geben, sag deinen Eltern, dass ich dich mitunterrichte, das kostet dich nichts. Wenn du daran teilnehmen willst, dann kommst du dienstags und freitags von drei bis vier oder fünf." Josef freut sich, beim Unterricht mit dem bewunderten Rektor einige seiner schulischen Lücken schließen zu können – denn diese sind durchaus groß. Noch in seiner ersten Soldatenzeit schreibt Josef die alte Sütterlinschrift, wird dafür ausgelacht und bringt sich die damals schon länger gebräuchliche Schreibschrift selbst bei.

Die nur acht Jahre Schulunterricht umfassen die üblichen Fächer: Rechnen, Deutsch, Geographie, Geschichte, Religion, dazu Turnen oder Wandern. Als Trauerspiel empfindet es Seppl noch Jahrzehnte später, dass von allen Kindern, deren Eltern das Schulgeld fürs Gymnasium aufbringen, nur der eine, der erwähnte „andere Josef", dort den Abschluss schafft und alle anderen nach einem Jahr in der fünften Klasse zurück auf die Volksschule gehen.

„Du bekommst emol des Haus." – Jugendträume und eine schwere Hypothek

Wie viele seiner Klassenkameraden ist auch der kleine Seppl bei den Messdienern. An der Hand der Mutter geht es zunächst mit klopfendem Herzen den Klosterberg hinauf. Das Kloster steht erst kaum zwanzig Jahre, aber es gibt viele Franziskaner dort, und dem kleinen Josef gefällt es sehr gut hier.

Klosterkirche und Kloster 1950

Der Pfarrer bestärkt ihn darin, wie auch schon Schulrektor Winter, er solle versuchen, aufs Gymnasium zu kommen, er habe die Voraussetzungen; warum er denn nicht wolle?

Seppl bringt den Vorschlag schüchtern, doch hoffnungsvoll beim Vater an, aber Wilhelm Becker ist ganz und gar dagegen: „Boub, ich kann des net. Ich hab für euch gebaut und kann des Geld net aufbringe." Damals muss man nicht nur für Bücher und Schulmaterialien – Federn, Griffelkasten, Hefte, Tinte, Zeichenutensilien etc. – und für anständige Schulkleidung die Kosten tragen, sondern auch ein nicht zu knappes Schulgeld entrichten.

Auch die tägliche Fahrt nach Königsstein mit der Eisenbahn, die freilich direkt in Kelkheim hält, kommt noch hinzu und erlegt den Familien eine zusätzliche finanzielle Bürde auf.

Der Pfarrer, dem an dem aufgeweckten Buben viel liegt, gibt noch nicht auf und bietet der Familie sogar an, Josef könne nach Holland gehen, wo die Franziskaner ein eigenes Gymnasium mit Internatsanschluss betreiben, er wolle ihm eine Freistelle mit Stipendium verschaffen, so dass die Ausbildung die Eltern gar nichts kosten solle. Ein geradezu paradiesisches Angebot in einer Zeit, in der sozialer Aufstieg durch „gleiche" Bildungschancen alles andere als alltäglich ist.

Aber auch damit kommt Seppl beim Vater nicht durch, der mit Sorge an die Zukunft der Familie und an sein Lebenswerk denkt:

„Nein!", der Vater schreit es förmlich heraus, „du bist mein einzigster Boub, und du bekommst emol des Haus und musst die Schulden abtragen." Der Vater fürchtet wohl, als „Studierter" könnte Josef seine Pflichten vergessen; vielleicht glaubt er auch nicht, dass sich mit Bücherwissen genügend verdienen lässt, um das Haus zu bewahren. Er denkt in den Dimensionen, die ihm selbst von Jugend auf vertraut sind: Schaffen mit den Händen, bleibende Werte bauen in Form von Möbeln, Grundbesitz sichern. Gelehrsamkeit scheint flüchtig, unsicher, ein reines Kartenhaus schöner Hoffnungen. Ein Auflehnen kommt nicht in Frage; wie soll sich der kleine Sohn gegen den Vater durchsetzen können?

Josefs Traum vom Studieren ist damit endgültig ausgeträumt.

Dennoch verspürt er keine Bitterkeit gegenüber dem Vater, der ihm, wie er sagt, das Studium „vereitelt" hat – im Gegenteil, er rechnet es ihm hoch an, dass der Vater das Beste für ihn will, auch wenn er die Pläne des Rektors und des Pfarrers durchkreuzt. Der Gedanke „Wer soll das bezahlen?" treibt Wilhelm Becker, der ein Haus für seine Familie errichtet hat, das unter den Hypotheken ächzt, unablässig um. Jahrzehnte muss er noch warten, bis dieser Alptraum unbezahlter Schulden von ihm ablassen wird.

Kapitel III

Die unruhigen Dreissiger – Jugend im Nationalsozialismus

„Raustreten, raustreten!" – Das Ende der Schulzeit

Mit der Gymnasialausbildung ist es also zu Josefs Bedauern nichts geworden, schließlich will der Vater ihn wegen der unsicheren Zeiten und der Hypothek möglichst bald in Lohn und Brot wissen.

Der Schulzeit an sich trauert Josef aber nicht nach, schon der vielen Schläge wegen. *Während Josefs eigener Sohn später, in den Fünfzigern, von der Schule schwärmen wird, ist Vater Seppl vor allem der Kasernenton mit „Raustreten, raustreten!" im Gedächtnis geblieben, dazu die Inkonsequenz verschiedener Lehrer, die nach Lust und Laune unterrichten, je nachdem, ob sie sich vorbereitet haben oder nicht, und die oft ganz andere Fächer geben als vorgesehen. Seine guten Erinnerungen an diese Zeit sind vor allem mit Lehrer Semrau und Rektor Winter verbunden, der es Josef gegenüber bedauert, wie mit der Erziehung der jungen Kelkheimer oft genug Schindluder getrieben werde.*

Schöne Tage verlebt Josef mit seinen Freunden bei den Ausflügen der Katholischen Jugend und den Franziskanern, die für die Messdiener von Hornau und Kelkheim Fahrten anbieten.

Die Buben versehen sowohl in der Stadtkapelle als auch im Kloster ihren Dienst und können so mit den Franziskanern gemeinsam Ausflüge und Wanderungen unternehmen. Nach Heidelberg, nach Marienthal oder

Messdiener-Ausflug (Seppl 4. v. l.)

Bornhofen geht es; kostenlos ist die Mitfahrt außerdem, sonst könnten viele wohl nicht dabeisein.

Auch bei der Schulentlassung wird eine Fahrt unternommen; Pater Ivo vom Kloster und Rektor Winter sind mit von der Partie. – Pater Ivo Trauscheid ist ein weitgereister Mann: 1913 ist er zunächst als Kaplan in Kelkheim, reist aber bereits 1914 nach Japan ab, um dort Missionsarbeit zu übernehmen. Kaum begeben sich die Missionare per Schiff nach Athen, so geraten sie in den Ausbruch des Ersten Weltkrieges hinein. Sie retten sich nach Italien, von dort in die Schweiz und zurück nach Deutschland. Dann zieht es Pater Ivo zunächst als Militärgeistlichen in den Osten, bevor er schließlich 1919 nach Kelkheim zurückkehrt, um den bislang amtierenden Pater Nikolaus Breuning im Franziskanerkloster abzulösen. – Auf dem Schulentlassungsbild ist er mit abgebildet, flankiert als Gegenstück zu Rektor Winter die

Schulentlassung 1933 (Seppl 1. Reihe, 3. v. l.)

jungen Schulabgänger, die mit vierzehn Jahren zu Ostern 1933 ins Leben entlassen werden. Zu diesem Anlass unternimmt man also eine gemeinsame Fahrt. Nicht alle Schüler können teilnehmen – das Geld für die Eisenbahnfahrt und die Übernachtung in der Jugendherberge in Heidelberg muss selbst aufgebracht werden; nicht jede Familie ist dazu bereit oder in der Lage. Eifrige oder gelassene, skeptische oder hoffnungsvolle Gesichter sehen einem aus dem letzten gemeinsamen Klassenphoto in seinen verblassenden Sepiatönen entgegen, scheinen die Zukunft herausfordern zu wollen. *Wenn Josef später die alten Bilder betrachtet, wird er sehr nachdenklich. Manche seiner damaligen Schulkameraden sind noch ganz jung im Zweiten Weltkrieg gefallen.*

„Man kann sich verlieben!" – Handwerk hat goldenen Boden

Die Weltwirtschaftskrise trifft auch die zahlreichen Kelkheimer Möbelschreiner. Fehlt häufig das Geld, um Nahrung und Kleidung zu beschaffen, so können sich viele Leute erst recht nicht mehr die Anschaffung von Mobiliar leisten. Die hungrigen Zwanziger sehen die Etablierung zahlreicher „möblierter Paare", die in Untermiete wohnen, weil sich eine eigene Wohnung nicht bezahlen lässt. Mangelt es aber an Wohnraum, so gibt es auch nicht viel einzurichten.

Das spürt man durchaus in den Kelkheimer Schreinereien. Dennoch sieht Wilhelm Becker in diesem Handwerk, dem einzigen, das er kennt, die Zukunft seines letzten verbliebenen Sohnes. Ganz unrecht hat er nicht – schon Anfang der Zwanziger gibt es eine erste Krise und eine extreme Geldentwertung. Die Preise für Kleinigkeiten wie Briefmarken, ein Ortsgespräch, einen Wasserweck oder eine Zeitung steigen ins Unermessliche, werden gar in Milliarden oder Billionen gerechnet. Löhne werden täglich ausgezahlt, da der Kaufwert bereits am nächsten Tag verfällt. Während man in den Städten die Geschäfte stürmt, um das sich wie unter einem Fluch verflüchtigende Geld in bleibender Ware anzulegen, setzen die Kelkheimer Möbelschreiner auch in der Mittzwanzigerkrise auf Sachwerte: Über fünfzig Prozent aller hauseigenen Betriebe kaufen neue Maschinen, hoffen auf eine bessere Zukunft.

Eigentlich hat Josef mit seinem Leben ganz andere Pläne als sein Vater. Wenn er schon nicht studieren darf, dann will er doch lieber einen technischen Beruf ergreifen, Autobahnen will er bauen, notfalls sogar als Maurer arbeiten.

An der Taunusanlage gibt es eine große Firma, die Josef geradezu magisch anzieht; später wird sich daraus Hochtief entwickeln. Hoffnungsvoll radelt der Junge auf seinem alten Fahrrad die ganze Strecke von Kelkheim bis nach Frankfurt, so spart er sich das Fahrgeld. „Nein", heißt es dort abwehrend, „wir stellen keine Leute mehr ein, wir suchen niemanden." Tagtäglich sucht Seppl auf langen Radfahrten nach Lehrstellen, unter anderem auch in Höchst. Langsam wird er mürbe; es lässt sich keine Stelle finden – und der Vater besteht darauf, dass Josef endlich mit der Ausbildung zum Schreiner beginnt.

Auf Dauer also kann sich der junge Josef der Schreinerei nicht entziehen. Wo er nun schon denselben Beruf ergreifen soll wie sein Großvater, sein Vater und alle seine Onkel, beginnt er auch, sich für das Handwerk zu interessieren. Später stellt er dann in Mappen alles zusammen, was er über die Kelkheimer Möbelherstellung und die zu den besten Zeiten weit über hundert zählenden Werkstätten finden kann.

Mit vierzehn kommt Seppl aus der Schule, lernt dann drei Jahre, absolviert eine gute Gesellenprüfung. Dann wird er in eine Werkstatt vermittelt, die nur Stilmöbel herstellt: Chippendale, Altdeutsch, Renaissance. Langsam bekommt er Spaß an dem Handwerk. *„Man kann sich verlieben," sagt er im Alter. Die präzisen Zeichnungen, die er damals anzufertigen lernt, kommen seiner Freude an technischen Einrichtungen und Details entgegen. Später werden ihm seine Zeichenkünste noch gute Dienste leisten: ob beim großangelegten Entwurf eines prächtigen Renaissanceschrankes, beim Planen für den Ausbau des eigenen Hauses, vor allem des gesamten Dachgeschosses, oder sogar bei der Polizeiarbeit, wenn Tatort- und Unfallskizzen angefertigt werden müssen. Die Akribie seiner Zeichnungen fällt dann sogar den Richtern auf, die diese zu Fallbeurteilungen heranziehen.*

Der junge Josef ist fleißig, aber ein „Schaffer" wie sein Vater, der in anderthalb Stunden einen Schrank aus vorgefertigten Teilen in Akkordarbeit herstellt, sei er nicht gewesen, gibt er bescheiden zu.

In Kelkheim gibt es damals etwa fünf bis zehn Werkstätten mit Kunstschreinern, die Stilmöbel bauen. Der Ort ist für sein Möbelhandwerk bekannt. Viele Schreinergesellen aus süd- und norddeutschem Raum lernen daheim und ziehen dann weiter nach Kelkheim, bilden sich fort und bleiben dann „hängen". „Und die haben das Blut aufgefrischt," lacht Seppl. „Die haben Kelkheimer Mädchen, ja, die haben sogar dem Meister die schönste Tochter weggeheiratet." Mittlerweile kommen Berufsschullehrer aus Frankfurt und Wiesbaden nach Kelkheim, die den dortigen Schreinern die Stilkunde im Möbelbau beibringen. In diese Möbelstile verliebt sich der junge Seppl regelrecht. Vor allem der Gewerbeoberlehrer Salizé hat es ihm angetan, weil er von ihm skizzieren lernt. Gesellen und Meister besuchen Abendschulen, wo die Berufsschullehrer für Interessierte Kurse geben. Kunst im Handwerk gefällt Josef – er gibt allem, was er herstellen soll, gerne „noch so einen kleinen Schlenker". *Noch Jahrzehnte danach spricht er gerne von seiner Zeit in der Schreinerei und wie er alles damals Gelernte später noch anwendet. „Das Altdeutsche, das hat es mir angetan. Ich habe mir hier im Haus im oberen Stock alles mit Einbaumöbeln selbst gebaut, ich kann also nicht mehr ausziehen. Chippendale, das ist was für Frauen. Davon habe ich auch so kleine Sachen gemacht. Renaissance, das ist aber was für reiche Leute. Ein Renaissanceschrank, der ist einmalig, der muss drei Meter, fünf Meter breit sein. Das können Sie nicht auf zwei Meter machen, das sieht nichts aus. So ein Frankfurter Schrank, der braucht nur einen Meter fünfzig. Und Altdeutsch, das können Sie von klein bis ganz groß!"*

Das Altdeutsche hat es ihm also wirklich angetan – und aus seinem liebevoll selbst ausgebauten Haus ist er dann, wie angekündigt, auch bis zu seinem Tod nie ausgezogen.

„Ich war ein toller Tänzer!" – Lieber Tango als Marschieren

Am Sonntagnachmittag ist im Kelkheim der dreißiger Jahre nicht allzu viel zu unternehmen. Nach den obligatorischen Hitlerjugendaufmärschen am Vormittag sehnt sich der junge Josef nach Abwechslung. Oben am Hang liegt die Gaststätte „Taunusblick"; ab drei Uhr ist dort nachmittags im Saalbau Tanzmusik für

Gasthaus Taunusblick 50er Jahre

junge Leute zu hören. „Tanzvergnügen" sagt man damals zu diesen Veranstaltungen, und Josef empfindet sie als einen Lichtblick in trister Zeit, wie er es im Alter formuliert. Schüchtern sind die Tänzer noch im Umgang miteinander, herausgeputzt mit bescheidenen Mitteln die jungen Mädchen, die angehenden Männer sorgfältig gekämmt, mit Pomade im Haar, im frischgebürsteten Anzug und mit blankgewichsten Schuhen. Man beäugt sich unauffällig von fern, man kommt sich näher, und bald fällt Josef beim Tanzen ein junges Mädchen namens Paula auf. „Nicht so auf einmal, aber immer so sukzessive" lernen sie sich kennen, immer öfter fordert er sie auf. Josef erinnert sich: *„Ich hab gern getanzt, und sie hat gern getanzt, und es war schöner wie bei der Hitlerjugend."*

Walzer tanzt man und Slow Fox, legt auch einmal, je nach Können, einen Tango aufs Parkett. Eine schöne Erholung von der allgegenwärtigen Marschmusik dieser Tage …

Paula Gutberlet kommt aus der Gegend um Hünfeld, aus einer Bauernfamilie, und lernt, wie es damals auf dem Land für Mädchen üblich ist, wenn sie aus der Schule kommen, in einem fremden Haushalt. Auch in Paulas Familie gibt es viele

Paulas Eltern

Geschwister. Vor allem die Buben gelten mehr als die zahlreichen Schwestern. Vater Adam Gutberlet sieht auf die Söhne, Paulas Brüder Ludwig und Theo. Der älteste Bruder erbt den Hof, für die anderen bleibt Arbeit in Fulda. Theo wird später Lebensmittelkaufmann wie sein Vater Adam. Aus Theo Gutberlets Geschäft entwickelt sich später die große Lebensmittelmarktkette „Tegut" – eine Zusammensetzung aus dem Vor- und Nachnamen des Besitzers. Die Rhön, aus der Paula ursprünglich herstammt, ist damals noch eine eher arme Gegend. Glücklicherweise lebt eine ihrer Schwestern schon in Frankfurt. Sie sorgt dafür, dass Paula nach Kelkheim kommt. Dort lernt und arbeitet Josefs Zukünftige in der „Villa Schäfer", die dem „Taunusblick" gegenüberliegt. Sie hat es dort gut getroffen, hilft im Haushalt und versorgt die Kinder. Die „Villa Schäfer" ist ein schönes Haus, dreistöckig, mit hohen Giebeln. Hell und einladend sieht sie aus mit ihren vielen Fenstern, wenn Josef sie auf dem Weg zum Tanzvergnügen passiert. Die Gaststätte ist ein Anziehungspunkt für viele junge Leute.

Josef Becker   Paula Gutberlet

„Da war sonntags die schönste Musik. Die Paula ist gekommen, und ich hab ein Auge auf sie geworfen. Und wir haben uns beide wunderbar beim Tanzen ergänzt", sagt Josef versonnen. *„Ich␣ tät heut als emol gern noch en Tango hinlege."*

Manchmal geht man auch spazieren, etwa mit der Hündin der Beckers, Stella, die angeschafft wird, weil das Haus am Klosterhang gar so einsam liegt. Oder die jungen Leute genießen Kaffee und Kuchen, etwa im „Café Scheib". So lernen sich Paula und Josef immer besser kennen.

„Ist denn das richtig?" – Zweifel an den „Braunen"

In Josefs späte Schul- und in seine Lehrlingszeit fällt das Erstarken des Nationalsozialismus mit all seinen bekannten unliebsamen Phänomenen. Mehr und mehr wird davon der Alltag bestimmt. Wie alle seine Schulkameraden, so ist auch Josef bei der Hitlerjugend.

Sonntagsmorgens um 11 Uhr tritt die ganze Schule an und marschiert dann durch Kelkheim. Vorneweg wird feierlich die Hitlerjugendfahne getragen, die alle Passanten zu grüßen haben. Manchen Jugendlichen schwillt da der Kamm, im Bewusstsein neuer Wichtigkeit verlieren sie jedes Augenmaß für das eigene Verhalten.

Heute sagt Josef, er könne nicht behaupten, ein Gegner von Hitler gewesen zu sein und mit seinen vierzehn, fünfzehn, sechzehn Jahren schon erkannt zu haben, was dieser alles anrichten werde.

Er macht sich aber auch als Junge schon so seine Gedanken, vor allem über die Liedtexte, die gemeinsam gesungen werden. Noch heute hat er das unheilvolle „Denn heute gehört uns Deutschland und morgen die ganze Welt" im Ohr. Josefs Welt heißt vorläufig nur Kelkheim. Abends liegt der Junge im Bett und denkt manches Mal bei sich: „Der Adolf muss doch verrückt sein."

Deutschland gilt wieder etwas, so lautet die Botschaft. In der Hitlerjugend lernt man neue „Wahrheiten": vom „Herrenvolk", vom „Volk ohne Raum", von Ansprüchen, die die Jugend an die Welt zu stellen hat. Gerne glauben es die jungen Leute, denen der „Führer" einen neuen Sinn des Lebens nahezubringen scheint. Uniformen, Marschlieder, Heimatabende, Geländespiele und Fackelzüge vermögen schnell zu begeistern; hinterfragt wird wenig.

Später wird rund um Frankfurt die Flakabwehr aufgebaut. Übungsmäßig schießt man dort abends Signale in den Himmel, die ganz Frankfurt illuminieren.

Josef sagt später in seiner bodenständigen Art: „Da habe ich mir gesagt, die ‚Beleuchtung' ist ja ganz schön, aber brauchen wir das? Ich hab mich immer wieder gefragt: Ist das richtig, was wir machen? Wenn der Hitler den Krieg nicht angefangen hätte ... Das war damals eine große Armut in Deutschland. Meine Mutter hat uns Kindern zu essen gegeben und auf alles andere verzichtet. Aber ich hab trotzdem immer gedacht: Ist denn das richtig?"

„Da hab ich mir das Maul verbrannt!" – Abschied von Kelkheim

Gedanken und Bedenken sind aber in den dreißiger Jahren nicht gefragt. Es gilt, sich der neuen Zeit anzupassen. Das fällt Seppl schwer. Er kennt andere Gemeinschaft, noch vom Zeltlager her und von den Ausflügen und Wanderungen mit der katholischen Jugend, die unter dem Einfluss der Nationalsozialisten zunehmend Repressalien ausgesetzt ist.

Bei der Hitlerjugend heißt es dagegen vor allem „Griffe kloppen" – Seppl nennt es „Griffkloppe". Gemeint sind gemeinsame Drillübungen am Gewehr. „Das Gewehr – über! Das Gewehr – ab!" – mit einer Waffe, die beinahe größer ist als die Buben, ihnen mindestens bis unter die Achsel reicht. Mit siebzehn Jahren kann der junge Josef sich Schöneres denken. Und damals „verbrennt er sich das Maul", wie er es in Kelkheimer Mundart ausdrückt.

Dienstags und freitags trifft man sich um sieben Uhr auf dem Schulhof zu mindestens einer endlosen Stunde „Griffe kloppen". Danach folgt von acht bis neun ein ordentlicher Fußmarsch, dann ein Zug durch die Straßen Kelkheims: *„Voran die Hitlerjugendfahne und der HJ-Führer kraft seines Amtes. Und wir haben gesungen: ‚Denn heute gehört uns Deutschland ...'. "*

Die Szene steht Josef auch heute noch vor Augen, wenn er davon erzählt, so eindrücklich ist ihm alles im Gedächtnis geblieben. Wie schon beim Sonntagsmorgen-Marsch kommt es vor allem darauf an, dass jeder Passant die Fahne zu grüßen hat. Dem jungen Josef geht es oft gegen den Strich, dass sogar ältere Leute, die nicht schnell genug oder gar nicht reagieren, dann vom HJ-Führer „in den Senkel gestellt", also kräftig und barsch angeherrscht werden. *„Das ging mir gegen die Natur. Man muss doch einen Respekt haben vor dem Alter,"* sagt Josef später.

Regelmäßig hat es der HJ-Führer auf die saumseligen Nicht-Grüßer abgesehen, auch an einem Tag, den Josef nie vergisst.

„Und als dann da auf dem Bürgersteig so ein junges Ehepaar gelaufen ist, weil so schönes Wetter war, und die haben die Fahne nicht gegrüßt, da ist dieser junge Schnösel, der mit mir auf der Schulbank gesessen hat, raus und hat diese Leute zur Minna gemacht. Da kam mir der Kaffee hoch. Und wie wir wieder auf dem Schulhof waren, da bin ich hin und hab ihm gesagt: ‚Das war nicht recht von dir, was du da gemacht hast. Lass doch die Leute!' Ich hätte besser mein Maul gehalten. Dann hab ich auch noch gesagt: ‚Und das mit der Griffklopperei, das stinkt mir auch.' Keine zwei Minuten, da habe ich auf der Erde gelegen, und die haben mich getreten und getreten. Ich hab ausgesehen – mein Vater hat gekocht!"

Die Prügel, die Seppl an diesem Tag bezieht, vergisst er sein Leben lang nicht. Kelkheim hat für ihn erst einmal seinen Reiz verloren. Dass ehemalige Schulkameraden so mit ihm umgehen, kann er nicht verstehen. Ein bläulicher Fleck an der Lippe bleibt ihm fürs Leben, über achtzig Jahre lang: ein Andenken an die schlimme Zeit.

Das damalige Erlebnis bestärkt in dem jungen Mann die heftige Ablehnung all dessen, was mit dem Dritten Reich zu tun hat. Die Prügel auf dem Schulhof sind nur ein erster Vorgeschmack. Sechs Jahre als Soldat werden ein Übriges tun, um Josef zum überzeugten Pazifisten zu machen. Auch deshalb teilt er seine Erfahrungen gerne mit jüngeren Generationen, „damit so etwas nie wieder passiert." Wenn man Soldaten in den Krieg schicke, dann wisse man schließlich, dass nur die Hälfte zurückkomme. „Und des geht mir net in de Kopp enei!" sagt der Siebenundneunzigjährige energisch.

„Mit dem Adolf, des war nix!" – Die neue Macht

Kelkheim ist ein konservativer Ort, die Kirche hat großen Einfluss. Vor allem manch älterer Kelkheimer steht dem braunen Spuk abwartend gegenüber, ist nicht so schnell zu begeistern wie viele der jungen Leute. Eine NSDAP-Hochburg ist Kelkheim nicht, meint Josef später. „Viele Schreiner, die waren ja auch selbst Kaufleute. Die haben an sich gedacht und nicht an den Adolf."

Aber man lernt auch, dass man mit den neuen Machthabern nicht „anbinden" sollte, wie es in Kelkheim heißt. Die SPD spielt im Ort keine große Rolle, ist aber zumindest vorhanden und bekanntermaßen gegen Hitler. Der eine oder andere verteilt entsprechendes Schriftmaterial oder äußert sich kritisch. „Die waren dann fort und nach einer Zeit wieder da", erinnert sich Josef. Was mit ihnen dazwischen geschehen ist, darüber bewahren sie wohlweislich Stillschweigen.

Die Bevölkerung beteiligt sich pflichtgemäß an Aufmärschen, etwa zum 1. Mai, und „schreit: Heil Hitler!", wie Josef es ausdrückt.

Da man tunlichst in einer der verschiedenen nationalsozialistischen Vereinigungen Mitglied sein soll, tritt man ein: etwa ins NSKK, das Nationalsozialistische Kraftfahrer Korps. Das hat den Vorteil, dass man damit seiner Pflicht Genüge tun kann und sich den eifrigen Ortsgruppenleiter vom Hals hält. „Die sind dann in den Taunus gefahren, haben den lieben Gott einen guten Mann sein lassen und haben Bier getrunken. Da waren sie dann Mitglied und haben sich gesagt: ‚Lass mer mei Ruh!'." So fasst Josef die Haltung vieler Kelkheimer zusammen.

Ihm ist aber bereits diese Anfangszeit unheimlich. *„Mit dem Adolf, des war nix. Des Militärische und des gegen die Demokratie, des war furchtbar."*

Die Prügel, die er von seinen ehemaligen Klassenkameraden bezieht, weil er sich gegen das „Griffkloppe' und die Reaktionen auf fehlende Flaggengrüße auflehnt, werden für ihn zum Schlüsselerlebnis.

„Kelkheim war ein kleiner Ort. Und des hat sich schnell rumgesprochen: Der Becker hat sich uffgeregt. Und mer hat mir net beigestanden. Da waren welche, die haben gesagt: ‚Warum schimpft der auf die Hitlerjugend?' Und am andern Tag war der Ortsgruppenleiter bei meinem Vater und hat meinen Vater bekniet, ich soll in die Partei eintreten, er hätt' von dem Vorfall gehört. So wollten die mich linientreu machen. Mein Vater hat mir des damals erzählt. Ich hab gesagt: ‚Vatter, des is nix für mich.' Da war mein Vater einverstanden: ‚Geh weg von Kelkheim!'."

„Ihr baut doch Autobahnen?" – Auf Arbeitssuche

Josef möchte also fort aus Kelkheim, sucht nach anderen Arbeitsmöglichkeiten. Stilmöbel sind nicht sein einziges Interesse. Schon vor der Lehre, als er 1933 aus der Schule kommt, sucht er nach einer Ausbildungsmöglichkeit in einem technischen Beruf oder beim Bau. Die Zeitungen sind damals voll von Berichten und Skizzen von dem, was Ingenieure und Architekten planen und verwirklichen. Josef findet das faszinierend – sogar noch als über Neunzigjähriger wird er Autobahnen und ihre Machart mit Neugier betrachten.

Schon direkt nach der Schule suchte er eine Lehrstelle, die es ihm ermöglichen sollte, seinen Traum vom Bauen zu verwirklichen – vergeblich. Jetzt, nach der Schreinerlehre, mit dem Gesellenbrief in der Tasche, versucht er es wieder: Arbeitslos kann er nicht bleiben, er muss sich seinen Lebensunterhalt selbst verdienen, sucht aber Beschäftigung außerhalb Kelkheims. An der Friedberger Landstraße in Frankfurt liegt eine Bauschule. Josef unternimmt wieder eine lange Radfahrt und stellt sich vor. Der Schreinerberuf erfülle ihn nicht, er wolle bauen. Die Bauschule verspricht ihm die Aufnahme, aber die Ausbildung werde drei Jahre dauern, da gebe es einen Konflikt mit der abzuleistenden Militärzeit. Die steht dem jungen Mann noch bevor und dauert üblicherweise zweieinhalb Jahre. Die Bauschule schlägt ihm vor, sich freiwillig zum Militär zu melden, danach könne er nach Ableistung der Zeit zurückkommen und seinen Abschluss als Bauingenieur an einem Stück machen.

Dem jungen Josef leuchtet das ein. Er möchte fort aus Kelkheim, zumal ihn dort die NSDAP weiterhin zum Eintreten drängt und ihm sogar regelrecht „nachläuft"; er solle doch die Prügel durch die HJ-Kameraden vergessen.

Josef gibt im Alter ehrlich zu: „Ich will nicht sagen, ich habe das damals alles schon so erkannt, ich wäre ein Gegner Hitlers gewesen. Das war nur alles in meinem Unterbewusstsein."

Aber er spürt, dass die Partei ihn durchaus als Gegner betrachtet, und teilt seinem Vater den Entschluss mit, sich freiwillig zu melden. Dass ein Krieg unmittelbar bevorsteht, ahnt er damals noch nicht; er möchte nur auf diese Weise schnell den Militärdienst hinter sich bringen und dann auf die Bauschule gehen.

„Es lebe Kelkheim!" – Vertreibung aus dem Kloster

Seppls Entschluss, die Heimat zu verlassen, wird durch die Ereignisse Anfang 1939 bestärkt: Noch vor seiner Abreise nach Trier muss er in Kelkheim etwas sehr Trauriges miterleben.

„Sein" Kloster oberhalb des Elternhauses, von wo ihm viel Gutes widerfahren ist, wo sich die Patres darum bemüht haben, ihm sogar eine Gymnasialausbildung zu ermöglichen, wird nun auf höheren Befehl aufgelöst. Die Gestapo taucht dort am 11. Februar auf; bereits am 15. wird dann das Kloster aufgehoben und die Franziskaner werden vertrieben. Damit nicht genug: Das Kloster erfährt auch auf andere Art Entweihung. Sämtliche Wände, auch innerhalb der Kirche, werden gründlich, pietätlos und mit viel Lärm abgeklopft, auf verborgene Gänge oder Räume hin untersucht.

Der von Seppl verehrte Pater Ivo, der ihm aus Ministranten- und Schultagen so vertraut ist und mit dem der Schulabschluss gefeiert worden ist, überlebt das vorläufige Ende des Klosters nicht lange. Seit drei Jahrzehnten ist er – nur mit einer Unterbrechung während seiner Missionsreise – der Gemeinde verbunden. Er verstirbt im Höchster Krankenhaus; seine letzten Worte werden an seine Pfarrkinder übermittelt: „Es lebe Christus, es lebe Kelkheim!"

Man überführt Pater Ivo nach Hause und bahrt ihn während eines heftigen Märzschneesturms in „seiner" Klosterkirche auf; zahlreiche Kelkheimer empfangen ihren Pater trotz der Kälte und des Schneetreibens. Der Sarg wird vor dem Altar aufgestellt, ringsum reiht man die Fahnen verschiedener katholischer Vereine auf. Während der Nacht wird von Unbekannten die Kolpingfahne entwendet, ein letzter geschmackloser Akt dem verstorbenen Franziskanerpater gegenüber.

Das verwaiste Kloster am Hang überm Elternhaus ist für Seppl ein trauriger Anblick. So ist es gut, dass er bereits auf dem Weg ist in ein neues Leben – wie er meint, um nach Ableistung des Militärdienstes endlich die ersehnte Ausbildung zu beginnen. Bevor es aber zum Militär gehen kann, muss erst noch ein halbes Jahr Arbeitsdienst abgeleistet werden, der damals für alle jungen Leute verpflichtend ist, Jungen wie Mädchen. Josef wird am 1. April 1939 dazu einberufen, es wird ihn nach Trier verschlagen.

Paula und er tauschen Photos aus und versprechen, einander zu schreiben. Sie wissen noch nicht, dass sie sich lange nicht wiedersehen werden.

„Hau-ruck, der Westwall steht!" – Arbeitsdienst in Trier

Von Kelkheim aus werden die jungen Leute mit Autos Richtung Höchst gebracht; von dort geht es weiter zu einem Lager bei Trier, das in Grenzlinie liegt. Dann heißt es, an der Errichtung des Westwalls mitzuarbeiten. Der gerade zwanzigjährige Seppl kann so seinem Wunsch zu bauen eher nachgehen als gedacht. Von Autobahnen hat er geträumt, der Westwall soll es nun werden.

Bunker und größere Stellungen, Panzergräben und Höckerlinien bilden ein gigantisches und überaus teures Bollwerk zur Grenze hin, der Bau beginnt schon 1936 und zieht sich insgesamt über vier Jahre hin. Vieles geht maschinell vor sich, aber manches muss mühsam von Hand erledigt werden. Besonders anstrengend für die Arbeitsdienstler: Es gibt noch keinen „Rüttler", mit dessen Hilfe man die Luftblasen aus dem frischgegossenen Beton herausbekommt. Die jungen Arbeiter stehen Schulter an Schulter und schlagen rhythmisch gegen den Beton, um ihn so zu verdichten, stundenlang. „Eine echte Knochenarbeit!" sagt Seppl.

Ganze fünfundzwanzig Pfennige verdienen sie damit pro Tag. Außer einer kurzen Mittagspause gibt es keine Unterbrechung. „Hau-ruck, der Westwall steht!" lautet das Motto der gleichförmigen Tage. Unter diesem Titel wird im Auftrag der Deutschen Arbeitsfront 1939 sogar ein Büchlein herausgegeben: „Hau-Ruck! Der Westwall steht: Unser Schachtmeister schreibt – Ein launiges Buch von den Männern mit Schippe und Hacke", das die harte Arbeit am Westwall als eine Art Abenteuerlager für junge Leute darstellen möchte. Die Arbeitsdienstler aus Josefs Trupp sehen ihre Tätigkeit vermutlich nicht als ganz so „launig" an, wenn sie auch untereinander Unsinn treiben, beim Sport wetteifern, nach Arbeitsschluss beisammenhocken.

Arbeitsdienstlager Ruwer

Schon um sechs Uhr müssen die Arbeitsdienstler aufstehen, beginnen den Tag mit Frühsport und verschiedenen Ertüchtigungsübungen, Hanteltraining, Boxen, etc. Der Weg vom Lager bis zum Westwall braucht auch seine Zeit, bis Trier muss man laufen, dann bringen LKW die jungen Männer zum Westwall. Um neun beginnt dort die Arbeit. Von der Verpflegung wird man satt – das ist aber auch alles, was sich darüber sagen lässt. Ein Lichtblick ist der Briefwechsel mit Josefs treuer Paula und die Aussicht auf die Bauschule nach Ableistung des Arbeits- und des Militärdienstes.

Der Bau des Westwalls ist aber nicht das einzige Tätigkeitsgebiet der jungen Leute. Bevor es an den Stellungsbau auf den Moselbergen geht, ruft der Wintereinsatz.

Zum Jahreswechsel 1939/40 friert die Mosel so fest zu, dass man getrost darauf herumlaufen kann. Bei Eisgang nach Tauwetter, wenn Hochwasser die schweren Schollen vor sich herschiebt, ist man dagegen nicht einmal auf den Uferwegen sicher. Bis zu drei Meter hoch liegen die riesigen Eisstücke, beim Brechen durch den Eisgang richtiggehend emporgeschleudert, auf den Straßen. Das ist ein grandioser, wenn auch furchterregender Anblick, den Josef nie vergessen wird. „Des tut Schläg – wie Donnerschläg!" erinnert er sich und meint das Aufbrechen des Eises, das über den Fluten des Schmelzwassers krachend aufreißt und seine Schollen übereinander türmt. Die jungen Männer müssen mühsam die Uferstraßen wieder freiräumen.

Anstrengend ist die Zeit beim Arbeitsdienst; schön manchmal der Austausch mit den Kameraden, aber der Umgang mit den Führern eher eine Qual. *„Die, die bei der Wehrmacht waren und dort nichts werden konnten und zu faul waren, um einen Beruf zu ergreifen, die haben uns da geschliffen." Unangenehm fühlt sich Seppl an seine Schulzeit erinnert, an manche Lehrer, die ihre eigenen Defizite an den Schülern ausgelassen haben.*

„Der langsamste Schritt ist der Laufschritt!" – „Maskenball" und Schikane

Selbst die Freizeit kann einem von manchen dieser „Machthaber" ganz vergällt werden. Josef, der keine Ungerechtigkeit sehen kann, geht das sehr wider die Natur.

Wenn um fünf Uhr Feierabend ist, zieht es ihn beispielsweise oft nach Trier. Die Verbindung läuft über die Moseltalbahn – „So ein tolles Schmalspurbähnchen", sagt der Eisenbahnfreund Josef noch im Alter anerkennend. Mit der Moseltalbahn ist man in etwa zehn Minuten in Trier, wo es Sehenswürdigkeiten zu besichtigen gibt, wie etwa die Porta Nigra. Das bildet und greift überdies den schmalen Sold nicht an. So geht Josef öfter um fünf den Berg hinunter zum bescheidenen Feierabendvergnügen. Dann aber schallt es manchmal aus der Verwaltung: „Becker! Sofort zur Schreibstube kommen! Der langsamste Schritt ist der Laufschritt!" Josef wehrt sich, es sei doch Feierabend und die hohen Tiere nicht mehr da. Es hilft ihm nichts. Der langsamste Schritt sei der Laufschritt, heißt es wiederholt; zur Strafe, dass er diesen beim Feierabendgang nicht eingehalten habe, gehe es jetzt zum „Maskenball" mit ihm.

Dieser „Maskenball" entpuppt sich als pure Schikane. Es gilt, die in Erwartung des freien Abends angelegte Ausgehuniform erneut auszuziehen und binnen drei Minuten die Arbeitsdienst-Uniform überzustreifen, dann diese wiederum abzulegen und innerhalb von drei Minuten in die Sportkleidung zu schlüpfen, dann wieder mit drei Minuten Abstand die Ausgehuniform, Dienstkleidung, Sportsachen etc. wieder und wieder zu wechseln. Hält man die Zeit nicht ein – und ein Kleiderwechsel in drei Minuten ist schlechterdings unmöglich – so folgen ungezählte weitere Strafrunden des „Maskenballs". Die eigentliche Führung hat sich längst verabschiedet, die Stellvertreter können sich nach Herzenslust in ihren Machtgelüsten austoben. Am Schluss ist der Spind des Delinquenten nicht mehr wiederzuerkennen und muss dann in mühevoller Kleinarbeit wieder aufgeräumt werden, bis der freie Abend vorüber ist. Dabei gilt es, Stoß auf Stoß, Kante auf Kante, die Kleidungsstücke so präzise zu stapeln, als seien sie allesamt aus Holz gemacht und steif wie die Bretter – selbst für einen ausgebildeten Schreiner mit einem Gefühl für Hölzernes ein wenig erquicklicher Zeitvertreib.

„Der Teufel treibt sein Spiel!" – Späte Genugtuung

„Der Teufel treibt sein Spiel," sagt der alte Josef an seinem Lebensabend und meint damit die Zufälle des Lebens: Später in Belgrad sei er vor dem Soldatenheim, wo die Wehrmachtsangehörigen ihren Feierabend verbrachten, dem alten Vorgesetzten aus Arbeitsdiensttagen wieder begegnet – dem Maskenballveranstalter, der ihm in so deutlicher und schlimmer Erinnerung blieb. Der schaut ihn an und ruft „Becker!" Josef erinnert sich: „Da hab ich gesagt: ‚Ich bin für dich net der ‚Becker', ich bin auch Unteroffizier, jetzt kann ich ja mein Maul aufmachen. Was du mit mir gemacht hast beim Arbeitsdienst, das vergesse ich dir nicht. So ebbes macht man net.' Da hat er sich rausreden wollen. Ich hab gesagt: ‚Mach, was du willst, ich wünsch dir alles Gute, aber so ebbes macht mer net.' Freundschaft mit so einem schließen, des wollt ich net."

Eine späte Genugtuung – endlich „das Maul aufmachen zu dürfen" und ohne Beschimpfungen, aber mit Deutlichkeit zum Ausdruck zu bringen, was man von „so einem" hält...

Trotz solch schlechter Erfahrungen ist Seppl aber im Grunde genommen froh, dass er sich freiwillig gemeldet hat – zum Militär und damit zum vorgezogenen Arbeitsdienst. Er spürt, dass er früher oder später sicher mit den „Braunen" daheim „angebunden", also sich angelegt hätte – „weil ich mein Maul net halte konnt." Und wer weiß, wie es dann weitergegangen wäre...

Der Krieg regt sich – Geschütz in Stellung

Auf den Moselbergen sollen die „Acht-Acht"[3]-Geschütze stehen. Für diese müssen die jungen Arbeitsdienstler, deren Einsatz unerwartet verlängert wird, den Stellungsbau ausführen. Der Arbeitsdienst soll eigentlich nach sechs Monaten enden, wird dann aber noch einige Zeit fortgesetzt, um den Westwall weiter auszubauen und zu stabilisieren.

Josef weiß damals noch nicht, dass er solche Geschütze noch ausgiebig – und nicht aus sicherer Entfernung – kennenlernen wird. Im Krieg wird er später öfter vor der „Acht-Acht" liegen. In der Aufstellung kommt vorneweg die Infanterie, dann die Pioniere, denen Josef angehören wird, dahinter die Artillerie, die auch die genannten Acht-Achter verwendet.

Deren lange Rohre haben einen ordentlichen Durchmesser, die Wucht der Geschosse soll die Festungsanlagen zerstören, damit Infanterie und die Pioniere vorrücken können. Für die letzteren, die Pioniere, die am nächsten vor den Geschützen liegen, ist diese Erfahrung furchtbar, selbst wenn sie nicht getroffen werden können, es sie aber bei jedem Schuss trotzdem vom Boden hochreißt. Die Detonationen und das Gefühl des Ausgeliefertseins verfolgen viele Soldaten ein Leben lang.

Bevor es soweit ist, dass Josef in den Krieg muss, heißt es aber immer noch, den Dienst in Deutschland durchzustehen. Zum Glück gibt es dort auch menschlich denkende Zugführer, wie zum Beispiel einen weiteren Kelkheimer, den Josef später wiedertrifft, als er nach seinem zwischenzeitlichen Einsatz in Polen[4] zu den Pionieren nach Koblenz kommt. Dieser Kelkheimer, bei dem Josef es gut hat, ist ihm während der schwierigen Arbeitsdienstzeit und dann bei den Pionieren ein echter Halt.

Später, nach dem Krieg, fällt ihm dann als Polizisten das schwere Amt zu, die Witwe ausgerechnet dieses Kriegskameraden vom Tod ihres Mannes in Kenntnis setzen zu müssen. Das geht ihm für immer nach.

---

[3] Diese Flugabwehrkanonen (Flak) weisen ein Kaliber von achtundachtzig Millimetern auf und tragen deshalb den entsprechenden Namen.

[4] Von diesem Einsatz in Polen wird im nächsten Kapitel die Rede sein – zwar gehört er zeitlich noch ins Jahr 1939, fällt aber durch seinen unmittelbaren Bezug zum Krieg schon in die Thematik des vierten Kapitels, während ich einige Erlebnisse des Soldaten Seppl aus den frühen Vierzigern in diesem dritten Kapitel belassen habe, da sie noch in seine Zeit in Deutschland fielen. Herr Becker hat mir in insgesamt circa sechzehn Interviewstunden mehrfach von seinen Kriegserlebnissen erzählt – dabei vermischte sich, trotz seines guten Gedächtnisses, bisweilen einiges in seiner Erinnerung.

So, wie ich es aus seinen Erzählungen und einigen Aufzeichnungen, dazu dem allgemein bekannten historischen Ablauf der Kriegsjahre rekonstruieren konnte, verlaufen seine Erlebnisse in den Jahren 1939 – 1941 folgendermaßen: Im April 1939 beginnt der Arbeitsdienst mit dem Einsatz am Westwall in der Nähe von Trier, der im Herbst noch einmal verlängert wird. Kurz nach Kriegsbeginn wird Seppl mit den Pionieren als Besatzungstruppe nach Polen verlegt. Nach diesem Einsatz und einer achtwöchigen Periode im Jahr 1940, während derer er in Kelkheim Munitionskisten bauen muss und sein Schulkamerad Josef im Frankreichfeldzug stirbt, kommt Seppl nach Koblenz, im Winter 1940/1 folgt die Episode mit der „verhinderten Verlobung". Von dort geht es dann ab dem Frühjahr 1941 zum Balkanfeldzug.

„Du Simbel, was gehste dann zu den Pionieren?" – Ein Himmelfahrtskommando?

„Du Simbel, was gehste dann zu den Pionieren?" – Mit diesem echt hessisch geprägten Satz quittieren Josefs Freunde dessen Entschluss, sich freiwillig zu den Pionieren zu melden. Josef aber folgt wieder einmal seiner Leidenschaft als „Macher" und dem Wunsch zu bauen. Für Truppenbewegungen gilt es, Straßen und Brücken zu errichten. Das Minenlegen gehört allerdings auch dazu, das macht ihm weniger Freude.

„Das war ein Himmelfahrtskommando, aber für mich ging alles gut", sagt er als alter Mann.

Eigentlich hat er sich ja eben nur gemeldet, um möglichst schnell die vorgeschriebene Militärzeit von zweieinhalb Jahren hinter sich zu bringen und sich dann dem Studium als Bauingenieur widmen zu können. Dass im selben Jahr noch, im September 1939, der Krieg ausbricht, vereitelt seine Pläne.

Letzten Endes ist Josef im Nachhinein dennoch froh darüber, wie sich sein Leben entwickelt hat.

Er, der ja bereits Soldat ist, wird 1940 während des Frankreichfeldzuges von seinem Vorgesetzten nach Kelkheim zurückgeschickt werden: Von dort sei ein Schreiben gekommen; seine alte Firma, bei der er Geselle gewesen sei, habe ihn angefordert für kriegswichtige Tätigkeiten. So baut Josef acht Wochen lang Munitionskisten in seiner Heimatstadt, während in Frankreich ein Mitschüler einen frühen Tod findet. Es ist sein alter Schulfreund, der ebenfalls Josef heißt und auf dem gemeinsamen Kinderphoto aus der ersten Klasse so brav unter seinen Stirnfransen hervorlugt. Er sollte den Kriegsanfang nicht lange überleben.

Als ehemaliger Klassensprecher wird der ältere Josef bei der Sechzigjahrfeier der Schulentlassung einen Kranz niederlegen müssen für alle verstorbenen Schulkameraden. Da ist er einer von ganz wenigen männlichen Mitschülern, die noch leben, während viele der zunächst kleinen und bezopften, später halberwachsenen und bubiköpfigen Mädchen von einst ihn nun als weißhaarige Damen umringen. Der Zoll, den der Krieg auch in Kelkheim fordert, ist hoch.

Ein Kranz für die gefallenen Kameraden

„Was eine Frau im Frühling träumt…" – Ein menschlicher Vorgesetzter

Nach der Rückkehr aus Polen fängt für Josef die Zeit bei den Pionieren in Koblenz an – eine willkommene Abwechslung nach dem harten Arbeitsdienst und dem Besatzungseinsatz: Er trifft den anständigen Arbeitsdienstführer aus Trier wieder, der ebenfalls aus Kelkheim stammt.

Auch hat er Glück, denn man teilt ihn für den Essensdienst ein, der per Omnibus sowohl mittags als auch abends die Verpflegung für die einzelnen Trupps ausfährt. Sowohl der Bus als auch der Fahrer werden Seppl für diese Fahrten zur Verfügung gestellt. Auf diese Weise kann er die schöne Mosellandschaft genießen und wird nicht von der Knochenarbeit aufgerieben.

Vor allem aber hat er einen menschlich denkenden Spieß, der sich zunächst einmal darüber vor Lachen ausschütten muss, dass Josef bei seinen sorgfältig formulierten Wochenberichten als Gruppenleiter die noch in der Schule gelernte Sütterlinschrift verwendet, die mittlerweile als altmodisch und überholt gilt. Modernere Schreibschrift lernt der junge Mann erst hier, bei den Pionieren.

Der Spieß stammt aus Wiesbaden und nimmt es als gemütlicher Hesse mit den Vorschriften nicht so genau. Sogar das Strammstehen macht bei ihm Spaß. Josef bringt es bis zum Unteroffizier und lässt bei schönem Wetter die ganze Kompanie im Freien antreten. Nachdem er dem Spieß Meldung gemacht hat, kommt dieser singend aus seiner Unterkunft und schmettert mit durchaus vorzeigbarem Operetten-Bariton: „Was eine Frau im Frühling träumt …". Alle hundertzwanzig Pioniere brechen dabei in Gelächter aus, ob sie wollen oder nicht. Becker selbst kann vor Lachen keine Meldung mehr machen. Der Spieß erteilt ihm darauf mit gespieltem

Ernst den Auftrag, die Kompanie in einer Viertelstunde wieder ordentlich antreten zu lassen – diesmal ohne Gelächter! Daraus wird natürlich nichts, denn der Spieß singt wieder ein anderes Frühlingslied in flotter Schlagermanier. Die Menschlichkeit dieses Mannes – auch in (oder vielleicht gerade trotz der) Uniform – ist Joseph zeitlebens in guter Erinnerung geblieben. *„Das war ein toller Spieß!", sagt er immer wieder anerkennend.*

„Becker, du Dummkopp, was biste dann noch hier?" – Die verhinderte Verlobung

Bei den Koblenzer Pionieren erhält Soldat Becker Weihnachtsurlaub. Er will nach Hause, nach Kelkheim, um sich mit seiner Paula zu verloben. Seit Beckers Arbeitsdiensteinsatz ist es ernst zwischen den beiden. Beim Abschied hat er gemerkt, dass seine Tanzvergnügenbekanntschaft eigentlich ein auffallend nettes Mädchen ist. Jetzt will er Nägel mit Köpfen machen und sich die Frau fürs Leben sichern.

Zwei Photos aus der Zeit zeigen die beiden jungen Leute: Beide im Schnee aufgenommen (Außenaufnahmen sind schärfer, da sie mit weniger Belichtungszeit auskommen); Josef in Uniform, Paula im Wintermantel mit ausgestellten Schulterpolstern und schöngemusterten Handschuhen, dazu passend eine wenig warme, aber modische Kopfbedeckung. Photos, die man untereinander austauscht, wenn man sich länger nicht sehen wird.

Doppelportrait Josef Becker und Paula Gutberlet

„Ich war ein bisschen naiv," meint Seppl heute im Hinblick auf sein Vertrauen auf den zugesagten Urlaub. Um elf Uhr entlässt man ihn, der Zug fährt aber erst um eins. Um nicht lange in Koblenz herumlaufen zu müssen – vor allem bei dem eisigen Winterwetter, dem heftigen Wind, dem Schneetreiben und den glatten Straßen – nutzt er die freie Zeit, um seinen Spind aufzuräumen, in dem ja immer tadellose Reinlichkeit zu herrschen hat.

Fleiß und Ordnungliebe werden ihm zum Verhängnis: Auf dem Flur pfeift es plötzlich: „Becker, in die Schreibstubb!" Josef schwant nichts Gutes.

„Becker, du Dummkopp, was biste dann noch hier?" fragt er sich selbst. Er soll recht behalten: Mit Bedauern eröffnet ihm sein Spieß, dass Josef sich in drei Tagen abends in Straßburg zu melden habe, dort werde eine neue Kompanie aufgebaut.

Alle Einwände, Josef wolle in Koblenz bleiben, bei seinem Spieß und in den gewohnten Verhältnissen, helfen nichts. Der Spieß muss aus dem Bestand seiner Leute eine neue Kompanie „raushauen". Wer gerade verfügbar ist, den trifft es; so müssen weniger Leute umständlich aus der Heimat zurückbeordert werden.

Aber auch diesmal hat Josef eigentlich Glück gehabt, so findet er heute.

Die 34er, zu denen er ursprünglich gehört, kommen später an die Ostfront und werden dort aufgerieben. Wieder einmal hat das Schicksal es gut mit ihm gemeint – ihm bleibt das erspart, was einen Großteil der Koblenzer Kameraden das Leben kosten wird.

Kapitel IV

Die Apokalypse der Vierziger – Krieg, Zusammenbruch und Neubeginn

„So viel Armut ..." – Besatzungsmacht in Polen

Bevor Josef 1940 zu den Koblenzer Pionieren kommt, gibt es im Herbst 1939 noch ein Intermezzo, das ihm viel Stoff zum Nachdenken liefert. Kurz nach Kriegsbeginn wird er mit seinen neuen Kameraden nach Polen geschickt. Hinter der kämpfenden Truppe sollen sie als Besatzungstruppe fungieren.

„Da musst mer gar nix mache, nur anwesend sein und den Polen noch mehr Angst mache. So viel Armut ... Ich hätt' weinen können", erinnert Seppl sich an diesen Einsatz.

Die Soldaten dürfen immer nur zu fünft in die Stadt gehen, aus Sorge vor Übergriffen. Wenn deutsche Soldaten unterwegs sind, haben die Polen Anweisung erhalten, vom Bürgersteig in den Rinnstein auszuweichen und dort weiterzugehen – und vor allem: entsprechend zu grüßen.

Nun spielen sich ähnliche Szenen ab wie bei den Hitlerjugendaufmärschen in Kelkheim, wenn die Fahne nicht gegrüßt wurde.

„Wir waren fünf", sagt Seppl. „Fünf Kerle sind verschieden. Manche Polen haben nicht gegrüßt. Von uns fünf hatte jeder eine andere Meinung und wollte recht behalten. Da waren welche dabei, die haben die Polen angeschrien, die mussten wieder zehn Meter zurück und in der Gosse kommen und dann grüßen: ‚Ich grüße die deutsche Wehrmacht!', dann waren die zufrieden. Das hat mir weh getan, dass man mit Menschen so umgehen kann. Dann haben wir nachher debattiert, und ich hab gesagt: ‚Ich will euch was sagen, das war net schön, was mir da eben mit den Polen gemacht hawwe. Ihr wisst noch net, wer den Krieg gewinnt, des waaß kaaner von euch'."

Seppl hat Glück, dass keiner der Kameraden diese „wehrkraftzersetzenden" Äußerungen einem Vorgesetzten hinterbringt. *„Ich hab meinen Kollegen vertraut, wenn ich so meinen Mund aufgemacht habe"*, sagt er später.

Auseinandersetzungen gibt es noch oft bei solchen Gelegenheiten, die Szenen wiederholen sich.

„Noch schlimmer war's, wenn uns Juden entgegenkamen mit dem Stern, da waren die ganz aus dem Häuschen. Die haben die Juden dann noch weiter zurückgeschickt und immer wieder vorlaufen lassen. Das war unwürdig, wie die mit den Menschen umgegangen sind."

Die Soldaten, über die Josef sich immer wieder aufregt, können ihn nicht verstehen: „Ach, Seppl, du mit deinem Getu!" heißt es dann unwillig. Wie manche Kelkheimer Hitlerjungen fühlen sie sich beim ersten Einsatz von ihrer Macht berauscht und nutzen sie weidlich aus. Seppl kann wohl manchmal „das Maul aufmachen", Übergriffe aber nicht verhindern. Dass durch die Besatzungsmacht den Polen und vor allem den polnischen Juden noch viel Schlimmeres widerfährt, als nur etliche Meter zurückgeschickt zu werden und gezwungenermaßen zu grüßen, zeichnet sich längst ab.

„Da kam nur noch die Hälfte zurück!" – Als Pionier auf dem Balkan

Seppl ist nun weiterhin bei den Heerespionieren. Aber bald geht es nicht mehr darum, als Besatzungsmacht allmächtig durch die Straßen zu ziehen. Die Einsätze werden überaus hart und gefährlich. Nach seiner Rückkehr nach Deutschland und der Zeit in Koblenz wird er den Balkanfeldzug, den Feldzug nach Kreta und schließlich auch den Rückzug der 12. Armee miterleben – er kommt weit herum für einen Kelkheimer Bub, der ursprünglich nichts weiter will als Autobahnen bauen.

Ab April 1941 läuft der Balkanfeldzug, die Wehrmacht greift mit Hilfe der italienischen und ungarischen Armee Jugoslawien und Griechenland an. Noch im April kapitulieren beide Länder, während sich Kreta, wo die Briten stationiert sind, noch bis Juni 1941 hält. Seppl gehört zur 12. Armee, die von Bulgarien aus vordringt. In beiden besetzten Ländern, Jugoslawien und Griechenland, gibt es heftige Kämpfe mit verschiedenen Partisanenverbänden, besonders mit der Jugoslawischen Volksbefreiungsarmee unter Tito und der griechischen Volksbefreiungsarmee ELAS. Die Pioniere in Josefs Abteilung sollen vor allem Tito Schaden zufügen; sie jagen manchmal sogar Straßen und Brücken in die Luft. *„Rumms hat's gemacht, und die Brücke war kaputt!" erinnert sich Josef siebzig Jahre später noch.* Dass der Eisenbahnfreund einmal für die Unterbrechung von Strecken verantwortlich sein soll, dass er, der als Bub vom Bauen träumte, jetzt auch einreißen und sprengen muss, hat er nicht erwartet, als er sich zwei Jahre zuvor zum Arbeitsdienst gemeldet hat – wie lange scheint das schon her zu sein!

Den Nachschub aufhalten: Es klingt eigentlich einfach – und ist doch so schwer. Regelmäßig gilt es Partisanenangriffe zu überstehen.

„Da kam nur noch die Hälfte zurück. Partisanenangriff, das war ein rotes Tuch. Der Kompaniechef hat gesagt, wir sollen gegen die vorgehen, obwohl er wusste, wenn wir auf gleicher Höhe sind, ist die Hälfte schon tot. Wir sind denen direkt ins Feuer gelaufen."

An diese Zeit denkt Josef zurück, wenn er sich später fragt, wie viele junge Männer damals gestorben seien, wieviel Intelligenz und Erfindungsgeist man einfach sinnlos verheizt habe. „Diese Zeit war furchtbar", sagt er immer wieder.

Von der Obrigkeit hält er nicht viel, schon als junger Soldat. Im Nachhinein ist er sehr froh, dass es dank des Vaters Intervention – („O, nein, du bist mein einzigster Boub, und du bekommst einmal des Haus und musst auch die Schulden abtragen!") – mit dem heißersehnten Abitur nichts geworden ist.

Denn dann hätte er ja Offizier werden müssen. Josef empfindet es im Nachhinein, nach dem Ende seiner Soldatenzeit, geradezu als Fügung, dass er ohne höhere Schulbildung der Offizierskarriere entgangen ist. Alle, die zumindest Mittelschulbildung hatten, seien damals zu Offizieren gemacht worden.

Auf diese ist Josef nicht gut zu sprechen.

„Unser Offizier, der hat verstanden, sich zu decken. Der hat die Arbeit immer delegiert, an die Feldwebel und so weiter, und er war daheim geblieben. Wir sind als Soldaten besch…en worden. Die Offiziere, die haben ein Leben geführt wie Gott in Frankreich! Die waren froh, dass sie vom ehelichen Joch frei waren. Die waren bei uns und konnten uns dirigieren. Die haben gelebt wie die Maden im Speck. Nicht nur bei uns, bei den Engländern war es genauso."

„Kelkheim war weit weg!" –
„Da hat mich einer an die Hand genommen."

Im Krieg holt Josef sich Malaria, die ihn noch jahrelang heimsuchen soll. Einmal liegt er damit sechs Wochen im Lazarett in Belgrad, versorgt von Krankenschwestern aus dem Banat, die deutsche Wurzeln haben und mit denen er sich deshalb gut verständigen kann. Neugierig, wie Seppl ist, lässt er sich die ganze Behandlung erklären und alles zeigen. Dann wickelt er die jungen Damen geschickt um den Finger: „Also hört mal zu, wenn ich hier gesund werde, dann komme ich ja zurück an die Front. Und wenn ich dann wieder krank werde, kann ich nicht zurückkriechen und sagen: ‚Ich hab Malaria.' Das glaubt mir der Kompaniechef oder auch nicht. Ich hab eine Bitte: Klärt mich auf über alle Phasen dieser Krankheit und packt mir auch Medikamente ein." Die Bitte des charmanten jungen Soldaten verfehlt ihre Wirkung nicht; die Mädchen versehen ihn reichlich mit Medikamenten aus dem Lazarettvorrat. Von denen muss er auch durchaus Gebrauch machen – der Vorrat reicht zum Glück sogar bis über seine Rückkehr hinaus.

Später erinnert sich Seppl: „In dem Partisanenkrieg – Kelkheim war weit weg – da oben in den Wäldern, da ging die Straße vorbei und die Partisanen haben die deutschen Lastzüge angegriffen. Da mussten wir hin, und das ging nicht in einem Tag vorbei – da hat man acht Tage gelegen. Da hab ich oft Malaria bekommen, vorne, in vorderster Linie. Ich hab gemeint, ich würde zehn Zentimeter hoch zittern und springen, so hoch war das Fieber. Da hab ich dann vorne die Tabletten geschluckt und in drei, vier Tagen war ich gesund. Angenommen, der Einsatzleiter hätte gesagt, du bist krank, geh zurück zur Kompanie – da hätte ich ja allein durch feindliches Gebiet gemusst. Aber irgendwie hat mich immer einer an die Hand genommen. Das geb ich offen zu, dass der Herrgott mir einen Schutzengel geschickt hat."

„Wahnsinn, Wahnsinn!" – Die Einnahme von Kreta

Der Schutzengel Sepps hat alle Hände voll zu tun. Nachdem Deutschland im April 1941 Griechenland angreift, durchbrechen Truppen zunächst die Metaxaslinie, den Verteidigungswall an der griechisch-bulgarischen Grenze. Der Widerstand ist heftig, an der Metaxaslinie sind Begräbnisse an der Tagesordnung. Junge Männer, die normalerweise herumalbern, über ihre Mädchen sprechen oder über ihre Meister herziehen würden, die sich ein Bier teilen oder gemeinsam ein paar Lieder singen würden, machen stattdessen Aufnahmen von den Gräbern der gerade erst beerdigten

Deutsche Soldatengräber an der Metaxaslinie

Kameraden. Diese unnatürliche Weise, die Jugend zu verbringen, die ständige Ungewissheit – sie bedrücken mehr als einen. Seppl lenkt sich damit ab, dass er einen Ablauf des ganzen Kriegsgeschehens zusammenstellen will – aber er hat keinen Photoapparat. Zum Glück gibt es seinen Kompaniechef, mit dem Seppl sich gut versteht. Von ihm hat Seppl die vielen Bilder von den verschiedenen Einsatzplätzen – der Kompaniechef macht leidenschaftlich gern Photos. Seppl überredet ihn, für ihn bestimmte Aufnahmen zu machen, von denen er dann Abzüge bekommt. Diese schickt er seinem Vater in Päckchen mit Zigaretten von Kreta aus – so überstehen sie in Kelkheim den Krieg. Später wird sie Seppl verwenden, um in einem von der Kindheit bis zur Gnadenhochzeit reichenden Album die Kriegsjahre darzustellen.

Erleichterung ist nicht in Sicht: Griechenland wird besetzt; damit endet zwar der Balkanfeldzug. Aber noch muss das von den Aliierten besetzte Kreta erobert werden, zwei Monate lang werden sich die Kämpfe hinziehen. Seppl sagt später: *„Ich hab in meiner Jugend das Thema Angst gar nicht gekannt. Das war wie ausgeklinkt. Als Soldat, wenn man da Angst hatte – da hatte man schon verloren. Ich hab so viele in unserer Kompanie gesehen, die so unwahrscheinliche Angst hatten: Die sind alle im Krieg geblieben. Im Alter ist das anders, aber dass ich als junger Mensch keine Angst kannte, das hat mir viel geholfen. Ich bin kein Held, ein ganz normaler Mensch; ich hatte nur keine persönliche Angst."*

Bei manchen Soldaten nimmt die Angst überhand, bei anderen, wie bei Seppl, ist sie sozusagen „ausgeklinkt", wie er es später nennt, sind diese Gefühle betäubt, stillgelegt; die Aufgaben werden „angepackt und durchgezogen". Heute würden all diese jungen Soldaten nach der Heimkehr psychologisch betreut; man hielte sorgfältig Ausschau nach Anzeichen des Post-Traumatischen-Belastungssyndroms. Damals ist das alles noch unbekannt und bleibt unversorgt – wohl dem, dessen Angst vom Lebenswillen unterdrückt wird. Trotzdem beobachtet Josef mit wachen Augen, was um ihn herum vorgeht – es wird sein ganzes späteres Leben bestimmen, ihn immer wieder nach Ausgleich und Versöhnung suchen lassen.

Als Pionier sieht er den Versuch, Kreta mit Fallschirmspringern einzunehmen, vom Schiff aus, aus nächster Nähe. Die Pioniere sollen die Fallschirmjäger von der Seeseite aus unterstützen – und sehen doch nur mehr oder weniger hilflos deren Untergang zu.

„Die Einnahme von Kreta!", erinnert sich Seppl. „Wahnsinn, Wahnsinn! Intelligente junge Männer, Studenten, die grade ihr Abi gemacht hatten! Das war ja im Mai, der Kampf um Kreta. Die wollten nix wie in die Flugzeuge und abspringen. Und wenn die oben aus der Ju abgesprungen sind, immer so eine Gruppe von 15 Mann, bis die unten waren – da war die Hälfte schon tot. Ganz junges Blut... Wenn Sie Gelegenheit haben, im Urlaub, fahren Sie mal nach Maleme auf Kreta, zum Soldatenfriedhof und schauen Sie die Geburtsdaten an. Sie kommen nicht über dreißig Jahre. Die Creme de la Creme der Jugend – grade Abi gemacht und nix wie Fallschirmjäger und Hitler dienen. Ich hab nur den Kopf geschüttelt."

Von zehntausend Soldaten erreicht beim Landen nur ein Teil einigermaßen kampffähig den Boden – über dreitausend sterben schon in der Luft.

„Maschine kaputt! Maschine kaputt!" – Noch einmal davongekommen

Der Kretafeldzug brennt sich dem jungen Soldaten ganz besonders ins Gedächtnis ein. Die Pioniere müssen Fischerboote seetauglich machen, hundertzwanzig an der Zahl, jedes besetzt mit zwanzig bis dreißig Soldaten, Pionieren, Gebirgsjägern. Der Auftrag lautet, von der Seeseite aus die Fallschirmjäger beim Landen zu unterstützen. Zwei italienische Torpedoboote geben dem Zug das Geleit. Im Morgengrauen sieht die Schiffsbesatzung, darunter Seppl, schon die Insel Kreta auftauchen, als sie die englische Mittelmeerflotte empfängt. Fast alle Fischerboote werden im Feuerhagel gnadenlos versenkt. Stukas greifen ein und versenken ihrerseits einen Kreuzer – es hilft aber alles nichts. Die deutschen

Griechisches Fischerboot

Italienisches Torpedoboot

Soldaten, so empfindet es Seppl, werden einfach im Stich gelassen.

Nach der Rückkehr in den Hafen von Piräus verfrachtet man sie schleunigst in eine Ju 52 und fliegt sie nach Kreta zurück, damit sie dort den Flughafen von Minen befreien. Danach sollen sie noch einige Monate auf der Insel bleiben.

Die Geschehnisse vor Kreta stehen Seppl bis zum Schluss lebhaft vor Augen, als hätte er alles erst gestern erlebt. *„Das war, wie wenn man im Kino sitzt. Diese Kreuzer der englischen Flotte, wenn die einen Schuss losgelassen haben, dann haben die gleich fünf, sechs, sieben Boote versenkt. Das Holz hat ja keinen Widerstand. Das war furchtbar – ein Geschrei! ‚Hilfe, Hilfe, Hilfe!' Und die Engländer haben nicht eingegriffen.*

Wir hatten einen Fischer, den Eigner des Bootes, auf dem wir waren, an Bord; der hat das nicht abgegeben an Deutsche. Irgendwie muss der schwarz den Funk abgehört haben. An dem Morgen, als es los ging, gerade bei der Dämmerung, da sind alle anderen Boote an uns vorbei, wir waren die letzten. Der, der bei uns was zu sagen hatte, hat den Fischer hochgerufen und gefragt: ‚Was ist los hier, mir wolle weiter!' Aber der Fischer hat immer gesagt: ‚Nein, Maschine kaputt, Maschine kaputt!'

So hör ich den heut noch reden. Das war unser Glück! Der hatte den Funk abgehört und wollte sein Boot retten. Wir sind dann mit dem Boot wieder zurück; wir waren vorher die letzten und dann gleich wieder die ersten im Hafen. Von da sind wir auf den Flugplatz, dann nach Athen und wieder nach Kreta und haben dort Minen geräumt."

„Vor allen Dingen das Maul auf!" – Minenräumen auf Kreta

Seppl verschlägt es mit seiner Pioniereinheit also nach Kreta; ein Großteil der Engländer ist inzwischen abgezogen, der Rest gefangengenommen. Zum Abschied haben die Engländer aber noch die Flugplätze vermint, so dass die Jus mit Nachschub fürs Militär nicht gefahrlos landen können.

Das gibt eine langwierige, sehr gefährliche Arbeit für die Pioniere: Alle Flugplätze müssen entmint werden. Auf dem Bauch, unter der Julisonne des Jahres 1941, kriechen die Männer durchs Gras und halten Ausschau nach Stellen, an denen vor einigen Tagen gegraben worden ist. Manche Minen sind aber besonders gesichert, um eine Wiederaufnahme zu verhindern – ein Aufnehmen löst dann direkt den Zünder aus. Man muss also immer sorgfältig unter dem Teller der Mine mit der Hand entlangfahren, um zu fühlen, ob eine Sicherung gegen Wiederaufnahme vorliegt. Seppls Gruppe gibt sich dabei nicht immer die größte Mühe – und das, obwohl die ganze Gruppe sofort „weg sein" kann, wenn es sich um eine Panzermine handelt. Seppl schimpft mit den Kameraden und macht die Arbeit selber. Er reicht die Minen immer nach hinten weiter, damit der Zünder herausgedreht wird – dabei darf man die Minen auf keinen Fall belasten. Damit ist die Mine dann endlich „kaltgestellt", muss aber noch vernichtet werden, damit sie nicht etwa den Griechen in die Hände gerät. Die Wehrmacht hat die vielen Toten bei den Fallschirmjägern bei der „Operation Merkur", der verlustreichen Luftlandeaktion auf Kreta, nicht vergessen, verdächtigt die Zivilbevölkerung des kollektiven Widerstandes und übt teils schwere Vergeltung bis hin zu Geiselerschießungen und Vernichtung ganzer Ortschaften. Das ruft heftigen Widerstand hervor. Die Pioniere können nicht auf dem Flugplatz schlafen und die Ausbeute des Tages bewachen; so müssen die Minen nach der Räumung noch gesprengt werden, die Zünder jeweils extra. Nach einem langen, schweren Tag sind das schon mal an die fünfzig, sechzig, sogar hundert Minen, die auf diese Art vernichtet werden.

Das ist Seppl noch gut im Gedächtnis: „Gott sei Dank ist nichts passiert. Ich hör bloß nicht mehr gut. Wenn Sie ein junger Kerl sind in der Ausbildung, dann sagt der Ausbilder: ‚Vor allen Dingen das Maul auf!' (wegen des Trommelfells). Und jetzt sind Sie nicht mehr in der Ausbildung und haben dann so ein Feld vor sich mit fünfzig Minen und wollen die hochjagen, legen den Zünder dran und rennen weg, dann machen Sie das Maul auch nicht auf. So hab ich auch nicht alles richtig gemacht und viel verkehrt. Aber den Kerl hab ich heimgebracht!"

„Keiner weiß, wie lang der Krieg dauert." – Der Hauptmann als Heiratsvermittler

Dass er den „Kerl" – also sich selbst, den Seppl, – sicher heimgebracht hat, erscheint Josef bis zu seinem Lebensende immer als eine besondere Fügung, denn die Chancen stehen gar nicht gut: wegen der Partisanen, wegen der Minen, wegen des Beschusses – aber auch vor allem für einen, der dazu neigt, gelegentlich (wenn auch nicht beim Minenräumen) das Maul aufzumachen für Bemerkungen, mit denen man sich im Dritten Reich beim Militär besser zurückhält.

Nach dem Kretakrieg werden die jungen Soldaten dort als Besatzungstruppe eingesetzt, was eigentlich unüblich ist. Die Feldküche befindet sich in Athen, nach Kreta selbst kommt aber kein Nachschub mehr. Seppl besorgt sich für seinen Sold in billigen Restaurants Essen, freut sich über gelegentliche Sonderzuteilungen, etwa wenn sie einmal Schokolade bekommen – „so runde Kugeln, wie sie die Flieger kriegten."

Deutsche Soldaten auf Kreta

Diese Phase des Krieges ist weniger aktiv, das Nichtstun ist aber nichts für den umtriebigen Seppl. Wenigstens ist der Kompaniechef einer, mit dem sich gelegentlich reden lässt, ein ehemaliger Professor aus Heidelberg, der manchmal väterliche Anwandlungen seinen jungen Untergebenen gegenüber hat, die er auch über die griechische Kultur belehrt. Es kommt also ab und zu vor, dass sich ein persönlicheres Gespräch ergibt.

So sitzt Josef eines Abends auf Kreta mit Kameraden beisammen, es ist ein schöner, ruhiger Abend, man trinkt Wein und der Kompaniechef ist auch dabei – ein Mann, mit dem man eben offen sprechen kann. Plötzlich packt Seppl die Wut, dass er hier auf Kreta herumsitzen soll, nachdem der Einsatz doch schon längst vorbei ist. Es platzt aus ihm heraus: „Herr Hauptmann, was soll ich hier? Ich bin Schreiner von Beruf, ich will was tun! Daheim könnte ich mit meinem Onkel eine Schreinerei aufmachen und hier sitze ich, trinke Rotwein und stehle dem Herrgott seine Zeit! Ich bin ein junger Kerl – und wenn der Krieg jetzt noch lang dauert? Ich will haam, haam will ich!"

Da sagt der Kompaniechef unvermittelt: „Ich kann dich verstehn. Sag mal, hast du daheim ein Mädchen, das du eventuell auch heiraten würdest, die es verdient hätte, dass man sie heiratet?" Das kann Seppl aus vollem Herzen bejahen, ist er doch schon seit Jahren mit seiner Paula zusammen. Eine „Flitterhochzeit", wie sie damals in Kriegszeiten durchaus vorkommt, weil man sich für einen schnellen Genuss zusammenfinden will, kommt für ihn nicht in Frage – mit seiner Paula meint er es ernst.

Der Hauptmann kennt sich aus: „Wenn du das Mädchen heiratest, dann gibt der deutsche Staat dir jeden Monat Geld; da gibt es am Anfang 75, später 150 Reichsmark. Und wenn der Krieg zu Ende ist, kannst du wenigstens eine Schreinerei aufbauen. Mach das, keiner weiß, wie lang der Krieg dauert."

„Herr Hauptmann, vielen Dank, ich schreib einen Brief an meine Freundin, ob sie einverstanden wär."

Den Brief schreibt Seppl im Sommer; für den Winter, für Weihnachten ist die Heirat geplant. Zwischenzeitlich liegt Seppl mit Malaria im Lazarett, da geht die Schreiberei noch besser, da hat man Ruhe. Seine Paula ist einverstanden, beide suchen ihre Papiere zusammen.

Einen Flugschein bekommt Seppl nicht, obwohl ihm eigentlich einer zustehen sollte. Er muss mit der Bahn reisen, vom Athener Bahnhof aus, der ihn durch seine Kleinheit erstaunt. Athen ist doch eine Millionenstadt – trotzdem ist der Bahnhof kleiner als der mehrgleisige in Höchst, den Eisenbahnfreund Seppl gut kennt. Die Reise dauert lang: Er braucht ganze acht Tage bis nach Hause.

Schon in den Thermopylen wird die Fahrt unterbrochen, weil Partisanen eine Brücke zerstört haben. Ein Bus muss die Fahrgäste aufnehmen, bis es wieder einen Bahnanschluss gibt.

Über Saloniki, Belgrad, Wien, München und Frankfurt geht die Fahrt. Fortwährend bleiben Züge stehen, immer wieder muss man umsteigen, ein Stück weit geht es immerhin sogar mit dem ehemaligen Orientexpress, in dem ganz nobel Mittagessen serviert wird – eine unglaubliche Abwechslung auf dieser strapaziösen und sonst sehr unkomfortablen Fahrt.

„Was willste dann, Boub?" – „Ei, ich will heirate!"

Als Josef endlich ankommt, ist Weihnachten schon herum, es sind nur noch zwei Tage bis Silvester. Er macht sich schleunigst auf den Weg zum Standesbeamten: Die Zeit drängt, er hat nur vier Wochen Urlaub bekommen, von denen die acht Tage schon abgehen. So fällt er auf die Frage des Standesbeamten („Was willste dann, Boub?") direkt und ohne Umschweife mit der Tür ins Haus:

„Ei, ich will heirate!"

„Was, heirate? Ei ja, Boub, das ist ja gut und schön, zeig emol deine Unterlagen."

Seppl zeigt brav alles vor; es reicht aber nicht aus.

„Boub, da fehlt noch allerhand!", heißt es.

Seppl weiß nicht, was er machen soll – zwischen den Jahren fehlende Papiere beschaffen, wie soll das gehen? Das Schicksal hat aber ein Einsehen – als er dem Standesbeamten anvertraut, dass er nur vier Wochen Urlaub habe, wird dieser weich.

„Morgen ist kein Standesamt, und an Silvester trau ich nicht. Am dritten Januar, da hab ich all die Papiern, um deine Ehe zu schließen. Geh rauf ins Kloster und mach einen Termin mit den Franziskanern aus, dann kannst du heiraten. Am Montag kommste hierher mit zwei Trauzeugen und deiner Frau. Boub, ich besorg die Papiern, dann kann ich die Ehe schließen, und dann kannst du die nächsten Wochen machen, was du willst. Dann bist du verheiratet."

„Das war einmalig", sagt Josef noch nach Jahrzehnten voller Dankbarkeit. Die Hochzeit findet mitten im Krieg statt, am 3. Januar 1942; kirchliche und standesamtliche Trauung beide an einem Tag. Das junge Paar wohnt dann ein paar Wochen beisammen in dem Haus oben am Klosterberg – recht spartanisch, das bringen die Zeiten mit sich. Wie ungezählte Paare vor und nach

ihnen beschließen die beiden jungen Leute: Ab heute gehören wir zusammen. Halb freudig, halb ernst schauen beide auf dem Hochzeitsbild in die Kamera hinein – Josef in Ausgehuniform, Paula mit einem überdimensionalen Blumenstrauß. Ob es nach der bald anstehenden Trennung irgendwann ein Wiedersehen geben wird, wissen sie beide nicht. Einige Wochen ungetrübten Ehelebens sind vorläufig alles, was sie haben. Das Erinnerungsphoto an die Hochzeit bedeutet Josef viel und findet später seinen Ehrenplatz im Album. An so etwas kann man sich festhalten, wenn man morgens nicht weiß, ob man abends wieder heil in die Unterkunft kommt – oder überhaupt überlebt; wenn man im Feld liegt oder auf einen Partisanenangriff wartet und sich fragt, wie es daheim in Hessen ausschauen mag.

Kriegstrauung Ehepaar Becker

Nach dem kurzen Heimaturlaub, der Hochzeitsfeier und ein paar Tagen „zivilen" Glücks geht es direkt wieder zurück zur Kompanie, zurück nach Kreta.

Auf der Fahrt zur Truppe wendet Seppl eine List an: Wo er nun schon einmal reisen kann, möchte er gerne ein paar zusätzliche Tage zur Verfügung haben, um sich unterwegs so einiges anzusehen. Das erreicht er sehr geschickt, wobei ihm sein Talent zum Schauspielern zugutekommt.

Einfach unerlaubt länger fernzubleiben, steht natürlich außer Frage, würde ihm das als Desertieren ausgelegt, stünde darauf die Todesstrafe. Aber wenn man nun bedauerlicherweise den Zug verpassen sollte – zumal die Verbindungen alles andere als zuverlässig sind?

In Wien möchte sich der wissbegierige junge Mann gerne das Kriegsmuseum ansehen. Morgens kommt er an und fragt sich zum Museum durch. Dort heißt es, heute sei geschlossen. Morgen um acht könne er wiederkommen. Um acht hat Josef eigentlich im Zug zu sitzen. Was also tun? Josef wartet in hundert Meter Entfernung vom Bahnhof, bis er die Lokomotive zur Abfahrt pfeifen hört. Dann setzt er sich in Trab und kommt scheinbar hastig angerannt, als habe er gerade versehentlich den Zug nach Belgrad verpasst. Dessen letztem Wagen kann er gerade noch hinterherwinken, dann wendet er sich an den Bahnbeamten, der mit der Kelle das Zeichen zur Abfahrt gegeben hat: „Sehen Sie, ich will nach Athen, dahinten fährt der Zug. Ich bin eben angekommen von München. Tun Sie mir das abstempeln?"

Erst nach dem Besuch des Wiener Kriegsmuseums fährt Seppl nach Belgrad weiter. Dort wiederholt er dasselbe Spiel, denn hier möchte er sich den berühmten Kalemegdan ansehen, das Gebiet um die Bastion, die im 18. Jahrhundert Prinz Eugen als Stützpunkt gegen die Türken diente.

Auf der Strecke zurück zur Kompanie finden sich dann auch noch weitere Sehenswürdigkeiten …

Auf dem Hinweg hatte Seppl es eilig, schließlich wartete Paula in Kelkheim, trotzdem dauerte die Reise die erwähnten acht Tage. Auf dem Rückweg lässt er sich in der oben beschriebenen Weise viel Zeit – so dauert die Fahrt zurück zur Kompanie volle vierzehn Tage, fast doppelt so lang wie die Hinfahrt. Eine kleine Unterbrechung vom Kriegsgeschehen, die Josef sehr genießt.

Das Reisen ist seine besondere Leidenschaft geblieben – in Friedenszeiten sucht er manche Plätze auf, die er als Soldat gesehen hat, wie Athen mit der schönen Akropolis, reist später auch noch viel weiter, sogar bis nach Amerika.

Auf seinen Reisen vergisst er auch Kreta nicht. Jahre später nimmt er seine Paula dorthin mit, zeigt ihr alles. Eine schöne Insel, findet er, die Menschen sind in Ordnung, auch die Kultur gefällt ihm. Wäre er nicht verheiratet gewesen, wäre er schon nach dem Krieg gerne dageblieben. Die Stimmung dort hat es ihm angetan: „Kommt der Tag, bringt der Tag", fasst er sie zusammen – während ihm aus Deutschland das manchmal verbissene „Schaffe, schaffe, Häusle baue!", wie er es nennt, in Erinnerung ist.

Auf der Akropolis

Schon im Krieg kann Josef sich in die Mentalität der Griechen einfühlen und erlebt in seiner verbindlichen Art auch keine Animositäten. „Ich bin da als deutscher Soldat in Uniform durch die Gassen gegangen, hab da gegessen. Ich hab mich benommen, wie ein Gast sich benimmt, und die waren freundlich zu mir. Die Griechen haben mir gefallen."

Sicher sehen die Griechen nicht allen Besatzern mit so viel Freundlichkeit entgegen – aber es verhalten sich auch nicht alle so arglos und offen wie der junge Seppl. Er weiß um die vielen Übergriffe der Wehrmacht, um die Schikanen, den manchmal heftigen Widerstand der Einheimischen. „Da waren wir selber schuld", sagt er später. „Wenn die (Griechen) da auch manchmal gehaust haben – wenn hier daheim in Kelkheim so ebbes passiert wär, da hätt ich mich auch gewehrt."

„Donnerwetter! Gottseidank!" –
Wein aus dem Kochgeschirr und ein Lichtblick

Als Soldat erfüllt Seppl seine Pflicht, gegen seine Überzeugung. Hitler und das Vorgehen der Nationalsozialisten gehen ihm schon als Jugendlichem gegen den Strich.

Was er im Krieg sieht, bestätigt seine Ansicht immer wieder. Das, was von den Offizieren, was von der obersten Heeresleitung und von Seiten des Führers verlangt wird, entbehrt längst jeden Sinns. Es gilt, den Krieg zu überstehen und dann heimzukehren nach Kelkheim, zu Frau und Eltern und zu dem Haus, das der Vater extra für den „Boub" gebaut hat, wenn er auch nicht Herr über die Hypotheken werden kann.

Anfang Mai 1945 ergibt sich endlich die langersehnte Gelegenheit: Seppls Kompanie liegt in Agram, in Kroatien. Eines Nachmittags um fünf Uhr heißt es unvermittelt: „Antreten!"

Der Kompaniechef kommt, schon lachend, aus dem Quartier, einen Zettel in der Hand: „Soldaten, der Krieg ist aus für uns." Großadmiral Dönitz hat als Hitlers Nachfolger den Alliierten die Kapitulation angeboten.

„Ab morgen früh ist für uns der Krieg aus!" Seppl denkt sich: „Donnerwetter! Gottseidank!" Dann sieht er, wie an die Soldaten Wein in rauhen Mengen ausgegeben wird. „Ich kann Ihnen sagen, die haben gesoffen! Aus dem Kochgeschirr, aus Aluminium. Trinken Sie mal Wein aus dem Kochgeschirr! Das schmeckt furchtbar! Und ich hab gesagt zu meiner Gruppe: ‚Hört emol zu, trinkt den Kram net. Tut emol langsam! Der Tito wartet nur darauf, dass er uns kassiern kann und dem sei Leut alles wieder aufbaue! Vielleicht gibt's en Lichtblick, dass mir abhaue könne!" – „Ach, Seppl, du kannst uns emol gernhabe!" oder „Ach, lass mer doch mei

Ruh!" kommt es unwirsch zurück – zu sehr lockt die ungewohnte Ration Wein, die gelockerte Disziplin; die Kameraden leeren die Kochgeschirre ein ums andere Mal.

„Ich wollte den Krieg net und ich geh haam!" – Endlich ein Entschluss

Seppl behält recht. Gegen zehn Uhr sind bereits Zehntausende von Soldaten vor Ort: Die ganze ursprüngliche 12. Armee, 1943 in Heeresgruppe E umbenannt, die auf dem Balkan stationiert war und bis Agram zurückgeführt wurde. Die Pioniere haben den Auftrag, diese Heeresgruppe Richtung Deutschland zu bringen, und sind auf dem Rückzug die letzten, nachdem sie Tito die ganze Infrastruktur zerstört haben. Auf dem großen Wiesengelände liegen die Soldaten verstreut, als über den Lagerlautsprecher durchgegeben wird: „Wer den General Erdmannsdorf morgen früh nach Österreich begleiten will, der soll hierher kommen, morgen früh um sechs geht der Transport."

Der General solle bei Friedensverhandlungen eingesetzt werden, so heißt es. Seppl will das nicht glauben, denkt bei sich: „So eine Dummheit. Die Menschheit wird mal wieder für dumm gehalten. Gerade ist der Krieg doch aus und keiner weiß, wie das alles weitergehen soll. Und da will der General schon an Friedensverhandlungen teilnehmen? Der will sich absetzen. Die haben uns belogen und belogen und belogen. Von mir aus – der will heim – das will ich auch!"

Er geht dann auch direkt daran, diesen Wunsch zu verwirklichen. Später beschreibt er diese Szene: „Ich habe mich abgemeldet beim Kompaniechef, und da hat er gesagt: ‚Becker, du bist doch von Frankfurt – wie willst denn du dahin kommen?' – ‚Lassen Sie das nur meine Sorge sein, ich komme heim. Ich mache das nicht mehr mit, Sie haben mir nichts mehr zu sagen. Der Krieg ist aus. Ich wollt den net und ich geh haam.'

„Am 9. Mai hat ja meine Frau Geburtstag. Das war mir ein Lichtblick! Und dann habe ich mich gemeldet, und morgens um sechs sind wir von Untertrauburg nach Millstätt herein – das war am Millstätter See."

Seppls Entschlusskraft in diesem Moment, die Vorfreude auf das Wiedersehen mit seiner Frau verleihen ihm Ausdauer für den langen, gefährlichen Heimweg.

„Deutscher Soldat, da hast du noch e bissi zu laufe!" – Mit Malaria vom Balkan nach Kelkheim

Die Lage ist schwierig – Tito requiriert auf dem österreichischen Gebiet deutsche Soldaten, um die zerstörte Heimat wieder aufbauen zu lassen. *„Das konnte ich verstehen. Aber ich hab mir gedacht: Ohne mich!"*, meint Seppl später. Der LKW, mit dem er zunächst aufbricht, bleibt unterwegs liegen. Zu Fuß macht Seppl sich auf, alleine, er marschiert weiter durch Österreich, den Katschberg hoch in Richtung Salzburg, die Tauern hoch, kommt durch die Tauern, Rastatt und Schladming. Dort läuft er auf circa tausend Meter Höhe gen Salzburg, etwa vierzehn Tage lang.

Zwischendurch macht er immer wieder Abstecher nach unten und erkundigt sich bei den Bergbauern: „Sagen Sie mal, wer ist denn da unten? Die Besatzungsmacht, ist das immer noch Tito oder schon der Russe? Oder ist es der Amerikaner?"

Auch die Bauern sind oft nicht sich ganz sicher: „Ei, so viel ich weiß, in Schladming sind die Amerikaner. Deutscher Soldat, da hast du noch e bissi zu laufe." (Die österreichischen Bauern sprechen natürlich keinen hessischen Dialekt – aber wenn Josef nach all den Jahren diese Szene wiedergibt, klingt das so.)

Soldat Seppl zieht sich schleunigst wieder auf tausend Meter Höhe zurück und läuft stur weiter. Brot und Milch erhält er gelegentlich von den Bauern, damit muss er auskommen. Als er schließlich an den Dachstein gelangt, ist ihm dieser als ein „tolles Gebirge" im Gedächtnis geblieben, obwohl er sicher ist, nun aufgeben zu müssen – geschwächt von der Malaria, allein auf sich gestellt und ohne rechte Verpflegung. Nachdem er erneut einen Bauern befragt, erhält er aber die erlösende, wenn auch lakonische Antwort „Da unten sind die Amis." Als er nun noch auf Nachfrage erfährt, dass die Amerikaner auch Frankfurt besetzt haben sollen, ist für ihn die Sache klar: „Ich also die Hände hoch und den Berg erunner. Und hab mich den Amerikanern ergeben. Und dann in Schladming bekomm ich wieder die Malaria, die ich mir ja schon in Kreta geholt hatte."

Seppl muss sich krankmelden. Ab dem 17. Mai 1945 ist er nun in amerikanischer Gefangenschaft. Man behandelt ihn gut, wenn auch die jungen Ärzte noch nicht allzu viele Malariafälle gesehen haben. Sie können kaum Deutsch, Seppl kaum Englisch, aber man versteht sich trotzdem gut. Man reicht ihn weiter von Lager zu Lager; überall wird er anständig behandelt, bleibt für drei, vier Tage, aber dann heißt es wieder: „Deutscher Soldat, ich kann Sie nicht behandeln, ich schicke Sie weiter." Malaria ist eine heimtückische Krankheit, vor allem geprägt von rhythmischen Fieberschüben – nach einem Tag mit Schüttelfrost und darauf folgendem hohem Fieber, welche innerhalb von wenigen Stunden abwechseln, folgt ein fieberfreier Tag, darauf setzt die Symptomatik erneut ein. Starke Übelkeit und Erbrechen verschlimmern noch die durch das Fieber hervorgerufene Dehydrierung, die Krankheit schwächt den ganzen Organismus. In den amerikanischen Lazaretten kann man nur wenig für Seppl tun. Zwar hat er noch seinen Medikamentenvorrat, den er mit all seinem Charme den Krankenschwestern in Belgrad abgeschwatzt hat und der reichlich bemessen ist. Er wagt ihn aber nicht einzusetzen: Solange er krank ist und man ihn nicht richtig behandeln kann, wird er nämlich mit Krankentransporten weitergeschickt und nicht in reguläre Gefangenschaft gebracht. Er nimmt also, obwohl es ihm so schlecht geht, die Medizin nicht ein, die er braucht – denn er will ja unbedingt näher in Richtung Heimat, und der Weg nach Hause ist noch weit.

Unterwegs sind alle Ärzte ratlos und schicken ihn nach einer Untersuchung bald weiter. Seppl hat dabei großes Glück – man fährt ihn genau dorthin, wohin er es sich heimlich wünscht. Von

Schladming über Salzburg bis München geht die Reise zunächst, immer wieder wird er unterwegs von weiteren Ärzten begutachtet, die nichts für ihn tun können. In München befindet sich ein größeres Lager mit älteren, erfahreneren Ärzten, die sich Mühe geben. Es liegt aber offen unter freiem Himmel, es gibt kein Bett, kein Lazarett, alles ist provisorisch. Der Frieden ist ja gerade erst ein paar Tage alt, die Organisation noch chaotisch. Seppl beobachtet, wie sich seine Ärzte immer wieder unterhalten und miteinander beraten. Dann wird ihm eröffnet, er, der deutsche Soldat mit der Malaria, werde nun entlassen, damit er daheim wieder gesund werden könne. Am zwanzigsten Juni bricht er mit einem ganzen Transport morgens um sechs in München auf; man fährt über Nürnberg, Seligenstadt bis hin zum Frankfurter Hauptbahnhof. Dort bekommen kranke Soldaten ihre Entlassungsschreiben in die Hand gedrückt.

„Frontstadt Frankfurt" – Junitage

Frankfurt, die einst so schöne und stolze Stadt, ist ein großes Trümmerfeld. Neunzig Prozent der historischen Innenstadt sind zerstört; vor allem die schweren Angriffe im November 1943 und in den Märztagen des Jahres 1944 haben Unwiederbringliches vernichtet. Dom, Goethehaus, Römer, die Paulskirche, der Hauptbahnhof, Bibliotheken, Kirchen, Museen – kaum ein Wahrzeichen der Stadt, das nicht schwer beschädigt oder völlig zerstört wäre. Ungezählte Altstadthäuser, die Jahrhunderte überdauerten, sind zu Staub und Asche zerfallen. Zwischen den Schuttbergen hat man mühsam Passagen freigeräumt, die alten Straßenzüge sind kaum wiederzuerkennen. An den Mauerresten finden sich zwischen hastig übertünchten Parolen und Plakaten („Volk ans Gewehr!" – „Frontstadt Frankfurt wird gehalten!" – „Wir kapitulieren nie!" – „Sieg oder Sibirien!") ganz andere, persönliche Mitteilungen, die eine deutliche Sprache sprechen vom Entsetzen der Feuernächte, von ruinierten Existenzen und verlorenem Leben: „Rüdigers verschollen, Wolters tot bis auf Lenchen, Heini bei Tante Trude." – „Frau Stemmer und alle Kinder tot." – „Anni, sind bei Oma! Luise und Ilse." – „Lothar, komm zu Hanne!" – solche Nachrichten finden sich in vielen Straßenzügen, mit Kreide oder Rötel an bröckelnde Ruinen oder an die Sandsteinsäulen der Brunnen gekratzt, die die Bombennächte überlebt haben. Hängt irgendwo noch ein Briefkasten an einer Wand, hinter der sich Totalschäden verbergen, steht dort oft eine Nachsendeadresse für die Post – häufig schon nicht mehr gültig. Manche Frankfurter werden zweimal oder sogar dreimal ausgebombt, auch in den Notquartieren, in die man sie eingewiesen hat, müssen immer wieder umziehen.

In den Bunkern ist nicht für alle Platz, viele Frankfurter verbringen die Bombennächte in den Kellern der Altstadt, deren Gewölbe man mit Holzstempeln abstützt – ein oft ebenso hilfloser Versuch, der Gefahr zu begegnen, wie auch der viel zu kleine Löschteich auf dem Römerberg, dessen Wasser gegen die Phosphorbomben nicht ankommt. Berichte machen die Runde von dem, was bei Rettungsarbeiten zum Vorschein kommt, von Verschütteten, die man nicht hat retten können, die es nicht durch die Durchbrüche in benachbarte Keller und zu Notausstiegen geschafft haben, von unkenntlichen Toten. Schlimmstenfalls war es nicht gleich zu Ende, finden sich später bei den Leichenbergungen letzte verzweifelte Spuren von Fingernägeln an Kellerwänden, Kratzer und Blut.

Nach den Angriffen wird gelöscht und gerettet, Hausrat ins Freie geschleppt. Viele helfen bis zur Erschöpfung, verletzen sich oder sterben gar bei solchen Rettungsaktionen, treffen auf verspätet explodierende Blindgänger, verbrennen sich am Phosphor. Oft holt man keinen Lebenden mehr aus den Kellern, bahrt nur die Toten zur Abholung am Straßenrand auf, ein schauriges Spalier für alle Passanten. Für die Ausgebombten, die sich retten können, gibt es öffentliche Speisungen, Kleiderspenden. Nach manchen Angriffen erhält die Bevölkerung „sogar" eine der raren Sonderzuteilungen: ein wenig Schokolade gegen den namenlosen Schrecken, sinnlos und doch willkommen als kleiner Rest eines fast vergessenen Alltags.

Vor allem in den letzten Kriegstagen, die Frankfurt im März erlebt, blutet die Stadt immer mehr aus. Auf Geheiß der Amerikaner, die mit „Eisenhower" unterzeichnete Flugblätter abwerfen, sollen die Frankfurter und die Bewohner der umliegenden Rhein-Main-Region die Städte verlassen. Viele folgen dieser Aufforderung, ziehen mit Handwagen und Koffern los und suchen im Umland nach einem halbwegs sicheren Platz. Von der NS-Leitung, die sich selbst rechtzeitig absetzt, kommen verschiedene, widersprüchliche Anweisungen, die die Flucht aufs Land verbieten, dann zunächst für Frauen empfehlen, schließlich für alle Arbeitsfähigen – während intern gleichzeitig diesen Befehlen widersprochen wird.

Viele Frankfurter wissen nicht, wohin – sie bleiben. Bei Kriegsende, als die Amerikaner in die Stadt ziehen, befinden sich dort noch über zweihunderttausend Menschen.

Im Vergleich aber zur Vorkriegszeit – eine schmerzlich geringe Zahl. Unvorstellbar wirken für die Überlebenden die Verluste: Fast fünftausend Frankfurter sind in ihrer Stadt bei den Bombenangriffen umgekommen, etwa zwölftausend Männer gefallen. Noch unbegreiflicher sind vielen andere nackte Zahlen: Von den über dreißigtausend Juden, die vor dem Krieg in Frankfurt lebten, das Gesicht der Stadt in allen Aspekten wesentlich mitprägten, sind keine zweihundert mehr vor Ort, die sich verbergen konnten; in der Nachkriegszeit kommen ebenfalls nur noch wenige Hundert zurück. Alle anderen haben die Deportationen nicht überlebt.

Ende März 1945 marschieren die Amerikaner ein, die Bombardierungen hören auf. Zum ersten Mal seit Jahren hören die Menschen – nichts. Die Stille ist fast unwirklich, man kann nicht glauben, dass es keinen Fliegeralarm, kein Flakfeuer, kein Donnern von Geschützen mehr gibt. Die geschundene Stadt hat Ruhe, wagt sich vorsichtig aus den Kellern. Hat man das Leben gerettet, heißt es nun improvisieren. Strom- und Abwasserleitungen sind zerstört, Trinkwasser bekommt man meist nur aus Tankwagen. Es gibt kein Licht und kaum Transportmöglichkeiten, etwa die Hälfte aller Frankfurter hat kein eigenes Obdach mehr. Viele werden noch jahrelang nach Angehörigen suchen, während sie zugleich aus den Trümmern eine neue Existenz herauswühlen.

Was der Krieg aus Frankfurt gemacht hat, aus der Stadt, in der Josef einst sein Glück suchte, wo er hoffte, als Lehrling bei Hochtief anfangen zu können – das überblickt er nicht gleich bei seiner

Ankunft. Die entsetzlichen Schäden deuten sich ihm aber bereits an: Das Glasdach des Hauptbahnhofs ist zerschmettert, ausgebrannte Tramwagen stehen herum, die trotz Verdunkelung von den Angriffen überrascht wurden. Vor dem Frankfurter Bahnhof trifft er auf Menschen, denen die Bombennächte, die Schlaflosigkeit, die Hungerrationen die Gesichter gezeichnet haben. Die Silhouette der Stadt ist nicht mehr dieselbe, die Häuserzeilen der Gründerzeitstraßen um den Bahnhof herum sind ausgebrannt oder ganz verschwunden. Auf den Straßen finden sich zwischen Trümmern schlecht gefüllte Bombentrichter, ausgeglühter Asphalt.

Seit langer Zeit hat Josef keine Post nach Hause durchbekommen. Die Eltern wissen nicht, ob er überhaupt noch am Leben ist, und auch er weiß nicht, wie es daheim aussehen mag – das ausgebombte Frankfurt gibt ihm eine düstere Ahnung. So schnell wie möglich will er jetzt heim, will sehen, wie es dort steht.

Der Krieg kam nach Kelkheim – Eine veränderte Stadt

Natürlich bleibt auch Josefs Heimat vom Krieg nicht verschont. Immer mehr Männer werden einberufen, die Stadt leert sich, es fehlt an Arbeitskräften. So kommen hier wie überall im Main-Taunus-Kreis und im ganzen Reich Zwangsarbeiter und Kriegsgefangene in die Stadt, werden dort in der Landwirtschaft und verschiedenen Betrieben eingesetzt, bauen auch Munitionskisten.

Bereits 1939 fordert der damalige Bürgermeister sogar jüdische Bürger Frankfurts zum Straßenbau am Zeilsheimer Weg zum Arbeitseinsatz an, die man streng isoliert, während die Zwangsarbeiter teils bei Bauern und Schreinern untergebracht sind – was allerdings nicht heißen muss, dass alle von ihnen gut behandelt werden. Zumindest ermöglicht man ihnen den regelmäßigen Besuch eigener Messen, abgehalten von einem französischen Kriegsgefangenen, den es gleichfalls hierher verschlagen hat.

Die Bombardierungen, unter denen das nahe Frankfurt so zu leiden hat, machen auch vor der Möbelstadt nicht halt. 1943 trifft die Bewohner ein Großangriff. Bunker gibt es hier nicht, die Kelkheimer sitzen in ihren Kellern und hören, wie sich der Voralarm zum Vollalarm steigert. Gegnerische Flugzeuge werfen Stanniolstreifen ab, die die Flugabwehr täuschen sollen, zugleich werden die berüchtigten „Christbäume" gesetzt, Leuchtmarkierungen, die den Himmel erhellen und die Zielfindung erleichtern sollen. Es entstehen fast dreißig Großbrände, die teils nach Tagen noch schwelen. Selbst die abgelegene Klosterkirche verliert ihre Fenster.

Das Frühjahr 1944 bringt für Frankfurt die schrecklichsten Angriffe mit sich, zahlreiche Städter flüchten in den Taunus. Auf dem Weg über Höchst gelangen auch viele nach Kelkheim, das man für sicher hält. Hier erlebt man aber Anfang Februar 1945 ein weiteres schweres Bombardement. Vor allem in der Frankfurter Straße, zwischen Friedrichstraße und Mittelweg, sind die Zerstörungen verheerend. Vierzig Häuser und Werkstätten werden zerstört. Ausgebrannte Ruinen, leere Fensterhöhlen, abgedeckte Dächer über splitternden Balken und verwüstete Gärten voller Schutt bleiben zurück. Viele Kelkheimer müssen mit wenigen geretteten Habseligkeiten bei Nachbarn Schutz suchen. Diesmal kommen elf Menschen um, die die einfachen Keller nicht hatten schützen können. Die Überlebenden rätseln, worauf die Flugzeuge eigentlich gezielt haben, und fragen sich, ob es sich um einen sogenannten „Notwurf" gehandelt haben kann – in derselben Nacht flogen britische Bomber Angriffe auf Wiesbaden. Hat eines der Flugzeuge restliche Bomben über Kelkheim abgeladen, um Ballast abzuwerfen, und weil es sich mit dem noch beladenen Flieger nicht sicher landen lässt? Die Kelkheimer wissen es nicht, sie sind vollauf mit Aufräumarbeiten beschäftigt, versuchen, das Entsetzen mit Arbeit zu bekämpfen.

Ende März 1945 kommt ein amerikanisches Panzerbataillon in die Stadt, richtet am Bahnhof im Landhaus Hartmann ihr Quartier ein. Die freiwillige Feuerwehr ernennen die Amerikaner zu ersten Hilfspolizisten, Polizeileutnant Edmund Rosenkranz, dann Wilhelm Stephan aus Hornau erhalten das Amt eines kommissarischen Bürgermeisters. Wilhelm Stephan wird auf Seppls weiterem Lebensweg noch eine wichtige Rolle spielen.

Bürgermeister Stephan übernimmt eine schwere Aufgabe. Allein die durch die Bombenschäden entstandenen Trümmer zu beseitigen, erfordert viel Kraft. Ehemalige Parteifunktionäre müssen dazu antreten und die Aufräumarbeiten übernehmen, während sie in den Bombennächten das Löschen noch „vornehm" anderen überlassen haben.

Schlimmer als die materiellen Verluste sind die Menschen, die für lange Zeit – oder für immer – ausbleiben. Über neunzig Kelkheimer sind gefallen, über vierzig noch vermisst. Etwa dreihundert befinden sich in Gefangenschaft, kommen erst nach und nach frei. Ihre Arbeitskraft entbehrt man noch lange. In der 1938 neu gebildeten Stadt Kelkheim, die die Stadtteile Münster, Kelkheim-Mitte und Hornau umfasst, kommt man auf insgesamt 354 Kriegstote und Vermisste.

Josef ist einer der ersten, die heimkehren werden – in seine vom Krieg veränderte Stadt.

„Mein Boub, mein Boub!" – „Mein Vatter hat gezittert."

Noch ist Seppl aber nicht zu Hause. Frankfurt ist zwar Frankfurt, ist schon dicht an der Heimat – aber eben noch nicht Kelkheim. Die Linie 12 fährt direkt nach dem Krieg nur streckenweise. An der Mainzer Landstraße kann man über den Hauptbahnhof nach Höchst fahren. Dann geht es aber nach der Abzweigung nach Griesheim nicht weiter. Am Griesheimer Kreisel muss Seppl jemanden finden, der ihn bis nach Nied mitfahren lässt. Auch in Nied nimmt ihn ein Hilfsbereiter wieder ein Stück mit, diesmal bis zum Höchster Bahnhof.

Von dort aus muss er weiterlaufen, die Liederbacher Straße entlang, ein langer Weg bis nach Hause. Dazu kommt, dass Seppl krank und erschöpft ist und dass er keinesfalls in die von den Amerikanern verhängte Sperrstunde geraten darf. Bricht diese an, darf sich niemand mehr ohne Sondergenehmigung auf der Straße sehen lassen. Da zu dieser Zeit viele Plünderungen geschehen und skrupellose Verbrecher unterwegs sind, schießen die Amerikaner oft schon, bevor sie genau gesehen haben, mit wem sie es zu tun haben.

Die Villen der „Doktors" von der Hoechst AG an der Liederbacher Straße erkennt Soldat Seppl noch wieder, nun sitzen amerikanische Offiziere darin; hinter der nächsten Brücke haben dann die Amerikaner einen Wachposten aufgebaut.

Wieder einmal steht Seppls Schutzengel bereit: diesmal in Gestalt eines jungen Mädchens, das ihn freundlich anredet: „Deutscher Soldat, kann ich Ihnen helfen?" Erleichtert vertraut Seppl sich ihr an: „Ja, ich bin von Kelkheim, bin von München angekommen und ich will die Liederbacher Straße hoch, da seh' ich da vorn die amerikanische Bewachung…"

Das Mädchen nimmt ihn mit auf eine Abkürzung den Liederbach entlang zwischen Liederbacher und Königsteiner Straße bis nach Unterliederbach. Dort liegt am Marktplatz ihr Elternhaus, wo ihr Vater eine Schusterwerkstatt hat. Nachdem des Mädchens kritischer Vater von seiner Tochter wortreich überredet worden ist („Hier ist einer von Kelkheim, der kommt aus München, will nach Kelkheim, dem geb ich jetzt mei Fahrrad!"), erteilt er schließlich seine Zustimmung: Sie darf ihr Fahrrad an den Unbekannten verleihen, der von sich behauptet, ein Kelkheimer zu sein. Er solle machen, dass er heimkomme, um halb zehn sei Schluss, und wenn er bis dahin nicht daheim sei …

Das ist die Rettung und ein großer Beweis von Mitmenschlichkeit: Ein Fahrrad ist damals ein echter Schatz, man kann damit weite Strecken zurücklegen, schnell und mit sonst nicht tragbaren Lasten, kann etwa auf dem Schwarzmarkt Güter anliefern, kann es verleihen, zum Transport von Holz, Mehl, Wasser, Hamsterware – es ist ein Überlebensgarant und so kostbar, dass es oftmals vom argwöhnischen Besitzer in der Wohnung an die Wand gehängt oder sogar unter dem Bett verstaut wird. Josefs treuherziger Blick und die Versicherung, er sei Kelkheimer, müssen offenbar Wunder gewirkt haben – trotz Malaria und Erschöpfung schafft er es per Rad in die Heimat, wo er schließlich den Aufgang zum Klosterberg und das Elternhaus erreicht. Eine Viertelstunde nur bleibt ihm bis zum Beginn der Sperrzeit, aber diese fünfzehn Minuten sind für ihn unendlich wichtig …

Daheim hat man ihn nicht erwartet, schon so lange gab es kein Lebenszeichen mehr von Seppl, das die Heimat erreicht hätte. „Wie mich mein Vater gesehen hat, der ist bald umgefallen. Der hat beinah einen Herzinfarkt gekriegt. Jetzt hab ich zum ersten Mal bei ihm menschliche Regungen gesehen. ‚Mein Boub, mein Boub!', das hat er immer wieder gerufen. Das war hier vorne, an der Tür", erinnert sich der Seppl als alter Mann an diese Heimkehr aus dem Krieg. „Im Krieg hab ich lange Zeit keine Post durchbekommen, meine Eltern wussten nicht: Ist der Kerl noch da? Mein Vater hat gezittert, gell? Weil, ich war ja der einzigste Bub. Die Freude war groß!"

Josef Beckers Eltern im Alter

„Becker! Wo kommst dann du her?" – „Ei, vom Balkan!"

Schon am nächsten Tag muss man sich aber den dringlichsten Fragen menschlichen Lebens zuwenden: Die Mutter schickt Seppl hinunter zum Rathaus aufs Amt, der Bub müsse sich Lebensmittelmarken holen, wenn er essen wolle, sie hätten sonst gar nichts für ihn als rohes Gemüse. Die Versorgungslage der Bevölkerung ist denkbar schlecht; selbst das, was man auf Marken bekommt (wenn es denn im Laden vorhanden ist), reicht kaum zum Überleben. Brot, Zucker, Nährmittel und Fett werden in verschieden großen Mengen zugeteilt, je nach Alter und Schweregrad der Arbeit. Ausreichend ist das Essen eigentlich nie. Manchmal steht man lange an, um die wenigen Lebensmittel abzuholen, um dann zu erfahren, dass sie ausverkauft sind, wenn man endlich an der Reihe ist. Selbst Waren, die es ohne Markenzuteilung gibt – wie Seife, Zahnpasta, Salz oder Waschmittel – sind kaum zu bekommen, nach ihnen muss man oft tagelang fahnden. Auch mit Bezugsmarken ist vieles zwar theoretisch, aber nicht praktisch erschwinglich – was nützen Kleidermarken und Marken für Schuhzuteilungen, wenn die Läden keine Waren führen? Die größte Not bereitet aber nach wie vor die unzureichende Lebensmittelversorgung. Umso wichtiger ist es, schnell an seine Marken zu kommen, um die wenigen Gelegenheiten zum Einkaufen nicht ungenutzt verstreichen zu lassen.

Seppl macht sich also auf Geheiß Mutter Evas schnurstracks auf zum Kelkheimer Rathaus, dem alten Gebäude neben der Stadtkapelle. Über sechs Jahre war er nicht mehr dort, nun besieht er sich alles ganz genau:

„Ich geh so durch die Gänge, und da kommt mir so ein weißhaariger Mann entgegen. Da denk ich, den kennst du doch? Der guckt mich an: Auf einmal hat er gewusst, wer ich war. ‚Becker! Wo kommst denn du her?' - ‚Ei', sag ich, ‚vom Balkan und will mir hier Essensmarken holen.' Da hat er mir auf die Schulter gekloppt, ein paar Worte gesagt über den Krieg und dass ich den gut überstanden hab, und dann ging's schon los: ‚Warst du in der SA?' – ‚Nix.' – ‚Warst du in der SS?' – ‚Nein.' – ‚Warst du in der Partei?' – ‚Mit dene hatt ich nix am Hut.' Und dann haut der mir auf die Schulter: ‚Dann bist du der richtige Mann für uns, Becker, ich bin der Bürgermeister, wir bauen eine kommunale Polizei auf, und so junge Leute wie dich, die suchen wir. Du bist der erste, der mir heute begegnet. Hast du Interesse? Ich stell dich sofort ab Juli als kommunalen Kelkheimer Schutzmann ein.' Es ist der Drehermeister Wilhelm Stephan, der von den Amerikanern als kommissarischer Bürgermeister eingesetzt ist und damit eine schwere Aufgabe übernommen hat, die er aber tatkräftig anpackt.

„Nix wie haam!" – Kisten für den Frieden

Wenige Tage Zeit hat Seppl Aufschub bis zum Dienstantritt in dem gänzlich unerwarteten neuen Beruf. In dieser Zeit holt er seine Paula aus der Rhön heim. Zwar sind die beiden seit ihrer Kriegstrauung schon längst verheiratet; Paula lebt aber wieder bei ihren Verwandten in der Heimat. Die Fahrt in die Rhön und zurück nach Kelkheim gestaltet sich abenteuerlich – nichts ist in dieser unsicheren Nachkriegszeit regulär, schon gar nicht der Verkehr. Teils mit dem LKW, streckenweise mit dem Bus, manchmal ein Stück mit der Bahn geht es mühsam vorwärts. Einen ganzen Tag braucht Seppl, bis er endlich bei Paula ist. Die Wiedersehensfreude ist groß, aber Seppl hat es eilig. „Nix wie heim", lautet sein Wunsch. Koffer gibt es keine, daher baut Seppl Kisten für seine Frau – die ersten Kisten, seit er zu Kriegsbeginn zum Bau von Munitionskisten nach Kelkheim zurückbeordert wurde und so dem verhängnisvollen Frankreichfeldzug entging, der seinen Schulkameraden das Leben kostete.

Paulas ganzer Besitz, Kleidung und Aussteuer, wird in die Kisten verpackt, und dann geht es von der Rhön wieder nach Kelkheim zurück. „Der Lissi ihr'n Mann" – Paulas Schwager – ist Kraftfahrer und legte früher regelmäßig die Strecke von Fulda nach Frankfurt mit Lebensmitteln zurück. Nun befördert er auch Personen und sammelt Reisewillige aus verschiedenen Orten auf. So kommt Paula glücklich mit ihrer ganzen Habe in Kelkheim an, und das gemeinsame Leben kann endlich beginnen.

Paula Gutberlet

„Du bist doch net ganz klar! Du gehst als Polizist!" – Überraschende Berufswahl

Noch ist Seppl sich nicht sicher, ob der neue Beruf der richtige für ihn ist. Seit ihn der Bürgermeister Wilhelm Stephan als Hilfspolizisten einstellen will, geht ihm durch den Kopf, dass er eigentlich kein Polizist sein möchte. Er will wieder als Schreiner anfangen, das hat er schließlich gelernt. Dieser Beruf, den der junge Seppl früher eigentlich gar nicht ergreifen wollte – etwas Technisches hätte ihn ja viel mehr gereizt – ist ihm nun nicht unlieb geworden, ein Stück Heimat und Gewohnheit, das durch die langen Jahre in Krieg und Fremde umso vertrauter scheint. Seine ganze Verwandtschaft, Großväter und der Vater, sämtliche Onkel, sie alle haben als Schreiner ihr Brot verdient, wie das mit Familientraditionen so üblich ist. Auch wenn dieser Beruf nicht seine erste Wahl ist – jetzt zögert er doch, ihn aufzugeben.

Er vertraut sich seiner Paula an – er wolle lieber wieder als Schreiner Arbeit suchen. Die setzt ihm energisch den Kopf zurecht: „Was? Du bist doch net ganz klar! Du gehst als Polizist! Als Schreiner, da hast du dann einen Schrank gemacht und dann hast du den noch net verkaaft. Da steht er dann. Und als Polizist, da hast du monatlich dein Geld."

Das wirkt. Josef geht als Polizist in den Dienst. Im Nachhinein muss er seiner Paula recht geben. Zwar sind Millionen Menschen heimatlos, viele Wohnungen ausgebombt, ganze Wohnhäuser zerstört. Alles müsste wieder aufgebaut und neu ausgestattet werden. Doch ist die Aussicht auf Verdienst beim Möbelverkauf bei aller großen Not nicht besonders gut. Geld ist nicht viel wert, nur Sachwerte zählen – und darunter vor allem die, die sättigen und wärmen. Aus alten Bettlaken, Hakenkreuzfahnen, Wehrmachtsmänteln etc. werden tragbare Kleidungsstücke gemacht, aus Resten zusammengestückelt und notfalls umgefärbt. Kein

Wollrest, den man nicht aufribbeln, kein Stoffstück, das man nicht umnähen würde. Um das eigentlich verbotene Feldgrau trotzdem als Ressource nutzen zu können, färbt man die neugenähten Hosen, die neugestrickten Pullunder und Fäustlinge, Leibchen, Strümpfe und Pulswärmer mit allem, was zur Hand ist – vom Heidelbeersaft bis zur roten Bete oder Brennesselbrühe. Schuhwerk stopft man mit Zeitungen so lange aus, bis es auch für wesentlich kleinere Füße passt, Paketschnur ersetzt die kaum erhältlichen Schnürsenkel. Einlagen aus Pappe verhindern, dass man durch Löcher in den Sohlen direkt auf dem Asphalt läuft, wenn sie auch nicht vor Kälte oder Nässe schützen.

Auch Möbel werden geflickt und umfunktioniert – alte Munitionskisten geben passable Kommoden ab, aufeinandergestockt und mit einer bunten Vorhangtür versehen, sogar einen Kleiderschrankersatz. Betten braucht man nicht, wenn man sein Lager aus Matratzenteilen und Bunkerdecken am Boden errichtet, Tische, Stühle und Hocker werden aus Kisten neu gebaut oder als reparaturbedürftige Gerettete aus Ruinen notfalls mit Ersatzbeinen und selbstgeflochtenen Sitzflächen oder Tischplatten aus Kistendeckeln versehen. Man leiht sich gegenseitig Möbelstücke, die oft ein stilistisch buntes Potpourri ergeben – aber bisher haben nur ganz wenige die finanziellen Mittel, sich nach dem Zusammenbruch tatsächlich wieder ganz neu einzurichten. Die Menschen leben von der Hand in den Mund – Möbel, die in den Fünfzigern wieder gern gekauft werden, um das Wirtschaftswunder, die neu erworbene bürgerliche Idylle zu unterstreichen, sind in den späten Vierzigern noch keine Alltagsware. Man hütet das, was man über die Bombennächte hat retten können, und denkt vorerst nur an die unmittelbaren Lebensbedürfnisse.

Josef wird also auf das Drängen Paulas hin Polizist, damit er ein sicheres Einkommen hat. Das Schreinern kann er dennoch nicht ganz lassen. Trotz seines früheren Widerstands ist er später seinem Vater sehr dankbar, dass dieser ihn zum Schreiner gemacht hat. So kann er nach und nach das Haus ausbauen und umbauen, verlegt das Treppenhaus nach außen, um die Wohnungen innen zu vergrößern, die Vater Becker nur klein angelegt hatte. Der Vater kann ihm nun nicht mehr helfen; der hat sich beim Akkordarbeiten schon gründlich „kaputtgemacht" und kann nicht mehr „eingespannt" werden, wenn er auch immerhin später das stolze Alter von sechsundachtzig Jahren erreichen wird. Er freut sich, als er sieht, wie sein eigenes Werk vergrößert und verbessert wird. Viel gibt es dabei zu tun: Die Elektroleitungen sind zwar schon installiert, liegen aber nur obenauf, lose auf dem Putz. Unterm Dach schaut man direkt auf die Ziegel. Das baut Seppl alles selbst aus und denkt dabei schon an künftige Kinder und auch Enkel, die Platz brauchen werden.

Bei der Gelegenheit wird auch den alten Schulden, noch aus der Inflationszeit, zu Leibe gerückt. Diese Geschichte kennt zwei Varianten: Die erste bezeugt, dass Seppl, direkt nach der Heimkehr aus dem Krieg, als erstes vom Vater dessen lange bewahrte Aktendeckel vorgelegt bekommt: „Guck emol, Boub, des sin die Hypotheke, tu doch die mal abtrage, du kriegst des Haus sowieso!"

Der Vater zahlt monatlich mühsam die Zinsen ab, das Geld möchte die Familie sich sparen. Seppl hat nach seiner Hochzeit die Staatszuwendungen auf ein Konto überweisen lassen; durch seine Stellung als Unteroffizier und die Hochzeit ist er an das Geld gekommen. In der zweiten Fassung, die Seppl mir ein andermal erzählt, heißt es von seiner Seite her kurz und bündig: „Jetzt geb emol die Unterlage her!". Seppl trägt mit seinem eigenen Geld die Hypotheken ab; daraufhin überschreibt ihm der Vater das Haus. Von wem die Initiative dabei ausging, ist nicht mehr ganz klar, jedenfalls ist es eine gute Idee, so vorzugehen: Die Geldentwertung nimmt zu bis zur neuen Währungsreform; Josef gelingt es so, die Hypotheken abzutragen, das Haus schuldenfrei zu machen und zu halten und später seinem Sohn in diesem Zustand hinterlassen zu können. Das Geld, das er während des Krieges erhalten hat, geht übrigens zunächst an seine Frau Paula, während er in der Fremde ist. *„Sie hat's gut verwaltet, und ich hab's nachher ausgegeben"*, sagt Seppl später verschmitzt.

Sein neuer Beruf wächst Josef nach und nach ans Herz, eine ganz besondere Freude ist es für ihn, dass er nun doch noch zu einer höheren Schulbildung kommt: Die Polizei lässt ihn in Wiesbaden ausbilden. In zweieinhalb Jahren holt er auf der Polizeischule seine Mittlere Reife nach. Das ist freilich etwas anderes als die teils qualvolle Schulzeit als Kind unter einer Lehrerschaft, von der einige Vertreter freigebig Schläge verteilten und die Kinder wie Rekruten behandelten, statt sie in Rechnen und Deutsch zu unterrichten.

Josef sagt selbst, seine erste Schulzeit sei größtenteils nicht schön gewesen. Wie ganz anders habe dann später sein eigener Sohn, der Bernd, von seiner Schule geschwärmt! Seppl nimmt es seinem Vater nicht übel, dass dieser weniger auf die Schulbildung geschaut habe; er kannte es eben auch nicht anders. Bei seinen eigenen Kindern ist der erwachsene Seppl dann ganz anders „hinterher", sieht also auf deren Ausbildung.

Kapitel V

Die „Wilden Jahre" und der Nestbau in den Fünfzigern — Es kehrt wieder Ordnung ein

„Wenn morgens Nachersatz kam, die waren abends meistens schon tot." – Der Krieg wirkt nach

Die Kriegsjahre wirken noch lange nach, besonders aber in der ersten Zeit. Die sogenannten „Wilden Jahre" bis 1948 sind geprägt von Mangel und Entbehrung. Der Nachkriegswinter 1946/47 ist besonders verheerend – große Kälte und intensiver Schneefall, dazu die notdürftige Versorgungslage machen den Menschen das Leben schwer. Vor allem fehlt es an Heizmaterial, an Kohlen und Holz. Oft wickelt man die Briketts in Zeitungspapier, damit sie länger brennen; Kochkisten kommen wieder zum Einsatz, damit man Feuerung spart: Die Kartoffeln oder der Reis werden nur angekocht, dann der Topf in die mit Zeitungen ausgelegte Kochkiste gestellt, wo das Essen weiter vor sich hingart. Hat man keine Kochkiste, hilft man sich mit mehreren Decken und packt die Töpfe ins Bett. Froh ist, wer überhaupt etwas zum Kochen hat – nach Essen muss man meist anstehen, auch gibt es, wie schon erwähnt, längst nicht immer genug zum Sattwerden. Auch das „Hamstern" oder der Besuch des Schwarzmarkts ist eine unsichere Sache, die viele Frauen nicht gerne auf sich nehmen. Oft bleibt aber keine andere Wahl, vor allem, wenn die Söhne für diese Art von Geschäften noch nicht alt genug sind.

Es wird noch immer nach Vermissten gesucht, es sind viele Männer aus dem Krieg noch nicht zurück und ihr Schicksal ungewiss. Ihre Arbeitskraft fehlt, bei ihren Familien geht es oft besonders knapp zu. Immer wieder gibt es Suchaufrufe nach Angehörigen. Kommen wieder Heimkehrer nach Hause, werden sie von vielen Verzweifelten ausgefragt, die auf ein Lebenszeichen eines Vermissten hoffen.

Seppl empfindet es als großes Glück, dass er heimkehren darf nach Kelkheim. Von seiner Kompanie, so rechnet er, in der ursprünglich 150 Mann waren, sind am Kriegsende noch etwa fünfzehn übrig – alles andere ist nachgerückt. „Wenn morgens Nachersatz kam, die waren abends meistens schon tot. Das hat mir so wehgetan", erinnert er sich. „Die haben das nicht gelernt, das Soldatsein."

Der Krieg und die Erinnerung daran begleiten ihn für den Rest seines Lebens als Warnung für die Zukunft. „Vor dem Zweiten Weltkrieg, da hat doch keiner geglaubt, dass es noch mal Krieg gibt", meint er. „Nicht nur die Deutschen haben geschlafen, auch die Engländer und die Amerikaner. Mit seinen verrückten Plänen hat der Hitler die Welt aufgeweckt."

Die Folgen dieses Aufwachens muss Seppl auch in der Nachkriegszeit als Schutzmann noch länger miterleben.

„Und dann hab ich sie grad noch aufgefangen!" – Die schlimmsten Momente

Eine der schlimmsten Aufgaben trifft ihn, wenn wieder einmal beim Bürgermeister eine Meldung eingeht. Der Krieg ist zwar aus, aber eben viele Männer noch nicht daheim. Ist der Mann vermisst, hofft die Ehefrau oft trotzdem noch, weigert sich, ihn für tot erklären zu lassen, selbst wenn sie damit eine Hinterbliebenenrente für sich und die Kinder beantragen könnte und sonst hungrigen Zeiten entgegensieht, denn die schmalen Rationen und das Eintauschen weniger verbliebener Schätze – einer Taschenuhr vom Vater, der guten Servietten aus der Aussteuer, selbst des Eherings – können keinen entsprechenden Ausgleich schaffen. Trotzdem – der Schritt fällt schwer, denn solange man ihn noch nicht für tot erklärt hat, scheint der Ehemann noch am Leben, selbst wenn es seit Jahren kein Zeichen von ihm gibt. Feldpost kommt nicht immer durch; auch nach dem Krieg kann man daran glauben, dass der Sohn, der Vater, der Bruder, der Mann in Gefangenschaft ist, nicht schreiben kann oder darf oder dass Post in den Nachkriegswirren verloren geht wie so vieles andere. Gerade Heimkehrer wie Seppl, von dem man lange Zeit nichts gehört hatte, beflügeln so manche Erwartung, der Mann könne eines Tages doch wieder überraschend vor der Tür stehen. Die Frauen malen ihn sich aus, wie sie ihn in Erinnerung haben, die Kinder, wie sie ihn sich wünschen – oft überhöht, ein Ideal – und gerade deswegen doch sicherlich unsterblich?

Diese mühsam gehegte Hoffnung wird manchmal von einer endgültigen Meldung zerstört, die schlimme Gewissheit bringt.

Der Postverkehr läuft noch nicht regulär, Privathaushalte haben in der Regel keinen Fernsprechapparat, daher wird Becker vom Bürgermeister als Bote beauftragt: „Becker, hier, geh mal zu der Witwe und melde ihr, dass der Mann gefallen ist."

Diese Gänge macht Josef immer sehr ungern. Eines Tages fällt es ihm besonders schwer: Der Kelkheimer, der beim Arbeitsdienst der anständige Zugführer war und den er danach auch noch bei den Pionieren in Koblenz traf, wird als gefallen gemeldet, der Mann, der so gerne die strenge Ordnung der strammstehenden Untergebenen mit seinem melodischen Singen: „Was eine Frau im Frühling träumt" durcheinander und zum Lachen brachte.

Josef erinnert sich noch genau: „Was war ich im Arbeitsdienst so froh, dass ich so einen Halt hatte! Als der Befehl kam, dass ich fort sollte, wäre ich am liebsten dageblieben. Ein Pfundskerl von einem Mann war das – und ich muss das der Witwe sagen! Das Tor war unten abgeschlossen; ich hab dann geschellt und gekloppt, dann kam sie um die Ecke und ist schon erst mal stehen geblieben. Dann kam sie doch näher: ‚Becker, was hat du denn für Nachricht?' ‚Keine gute Nachricht. Ich hab eine Meldung vom Roten Kreuz.' Und dann hab ich sie grad noch aufgefangen. Die ist in dem Moment, wo sie das gelesen hat von ihrem Mann, mir grad in die Arme gefallen. Später haben das die Priester gemacht. Nachdem die Franziskaner wieder da waren, da wurden die dann losgeschickt. Wo ich selber Soldat war und solche Erinnerungen hatte, was ging mir das so nah!"

Man kann sich kaum vorstellen, wie es einem noch jungen Polizisten ergeht, der selbst oft genug dem Tod von der Schippe gesprungen ist und viele Kameraden begraben hat, wenn er einen solchen Gang antreten muss. Die wortlose, spontane Geste, mit der er die von der plötzlichen Todesnachricht überforderte Witwe auffängt, weil er schon ahnt, dass sie zusammenbrechen wird, sagt viel mehr, als er selbst es vermag. Wo ein Polizist die Arbeit eines Priesters versehen muss, ist noch lange nicht alles im Reinen.

„Tu mir die gut bedienen!" – Flüchtlingswelle nach dem Krieg

Während die „Blutauffrischung", von der Seppl spricht, nach dem ersten Weltkrieg vor allem durch zuwandernde Schreinergesellen geschieht, die den Meistern die schönsten Töchter „wegheiraten" (wobei sich umgekehrt die Kelkheimer Buben Mädchen aus den umliegenden Ortschaften suchen), bekommt Kelkheim nach dem zweiten Weltkrieg auf einmal in größerem Maß weiteren Zuwachs. Becker ist schon Schutzmann, als zu den ungewöhnlichsten Zeiten heimatlose Menschen anlangen, Flüchtlinge aus dem Osten vor allem. Um fünf Uhr nachmittags möchte der Bürgermeister Feierabend machen, daher ruft er dann Becker zu sich: „Du hast ja heut abend Dienst, tu mir die Flüchtlinge empfangen, die kommen mit dem LKW von Hochem (Hochheim). Hier ist die Liste, und da bringst du sie unter. Tu mir die gut bedienen!"

Der Bürgermeister weiß, dass die Einquartierung nicht von jedem freundlich aufgenommen werden wird. Die Kelkheimer sind froh, sich selbst über den Krieg gerettet zu haben, müssen nun mit dem Wiederaufbau zerstörter Häuser, mit dem Tod oder der Vermisstenmeldung von Männern und Söhnen zurechtkommen, Kriegsversehrte müssen mühsam wieder Fuß fassen. Fremde aus abgelegenen Gebieten? Man ist daran gewöhnt, sich durch Einheirat Auswärtige in den Ort zu holen – bereits Schneidhain und Diedenbergen bei Hofheim sind solche „exotischen" Orte, wo man besonders „Platt" spricht. Selbst an die Angeheirateten aus diesen Gegenden und deren Ausdrucksweise muss man sich in Kelkheim erst einmal gewöhnen. Aber Zuwanderung von so vielen, so schnell, auch von so weit her? Aus dem Sudetenland, aus der heutigen Tschechoslowakei, aus Ungarn? In Kelkheim, Münster und Hornau steigen die Einwohnerzahlen rasch an. Vor dem Krieg, bei der Stadterhebung 1938, zählte man etwas über fünftausend Einheimische, nach dem Krieg geht die Einwohnerzahl der drei Stadtteile an die siebentausend[5]. Im ganzen Rest des ehemaligen Deutschen Reiches sieht es ähnlich aus, fast jeder zweite Haushalt muss Flüchtlinge, Vertriebene, Ausgebombte, Heimkehrer aufnehmen. Der Eigenbedarf wird dabei von den eigentlichen Bewohnern deutlich höher eingeschätzt als von den Behörden, die für die Einquartierung Sorge tragen. Manche Kelkheimer sind offen und freundlich, andere aber eher skeptisch, sich Fremde ins Haus zu holen, den Platz zu räumen, den man selbst beanspruchen will oder wo man geflüchtete Verwandte oder Bekannte unterzubringen gedenkt, die ausgebombt sind. Vor allem weil die Zugereisten per Zwangseinquartierung ins Haus gesetzt werden, man für sie Zimmer freiräumen muss, wehren sich Teile der Kelkheimer Bevölkerung – keine leichte Aufgabe für Josef, dem nun die Verteilung zugefallen ist, besonders, da der Bürgermeister entscheidet, dass vor allem die Einwohner, die selbst eifrige Unterstützer des Regimes und aktive Nationalsozialisten waren, die Hauptlast dieser Verteilung tragen. Dabei trifft der junge Polizist auch auf diejenigen, die er nach seinen Zusammenstößen mit der Hitlerjugend noch in unangenehmer Erinnerung hat. Manchmal hört er dort sogar herablassende Bemerkungen wie „Dadefür tät ich mich ja net hergeben, den Leuten die Flüchtlinge zu ‚servieren'." Trotzdem muss Seppl diplomatisch bleiben, sich nicht mit diesen Leuten „anbinden"; die Hauptsache ist, dass er möglichst viele Menschen unterbringt. Die Zeit bei den Soldaten, so sagt er, habe ihn gelehrt, manchmal auch im rechten Moment zu schweigen.

Von Hochheim aus werden – wie schon erwähnt – die Flüchtlinge weiterverteilt, viele nach Kelkheim. Als sie dort anlangen, erschöpft und bepackt mit dem Wenigen, was sie retten konnten, Leiterwagen und Kinder im Schlepptau, sagt Becker freundlich-pragmatisch: „Setzt euch erst mal dahin." Er zeigt gleich auf den Brunnen am Rathaus, auf dessen Rand man zum Ausruhen Platz nehmen kann.

Becker begrüßt die Neuankömmlinge, stellt ihnen den Ort vor, die Bewohner seien in Ordnung, hier herrsche ein gutes Klima. Nach dem Plan des Bürgermeisters werden sie danach bei verschiedenen Ansässigen einquartiert. Kelkheim wird Flüchtlingsdurchgangslager, im Franziskanerkloster muss sogar ein Hilfskrankenhaus eingerichtet werden. Manche ziehen später weiter, viele bleiben, vor allem, wenn sie selbst schon einen Bezug zum Möbelbau und zum Schreinerhandwerk haben. Von diesem Bevölkerungszuwachs aus dem Osten zehrt Kelkheim – und, wie Seppl sagt, die ganze Bundesrepublik. *Noch Jahre später hört er oft: „Becker, Sie haben recht gehabt, es ist unsere zweite Heimat geworden." „Es ist schlimm, wenn man seine Heimat verlassen muss, ich leide mit euch", versichert Josef seinen Schützlingen bei ihrer Ankunft. „Aber ihr habt eine gute Wahl, Kelkheim: Da kann man gut leben und alt werden!"*

„Dadurch, dass ich so ein Kelkheimer Bub bin und ein gutes Maul hab, bin ich halt auf die Leute zugegangen und hab mich nicht abgegrenzt", meint er später.

---

[5] Mit der Eingemeindung von Hornau und Münster nach Kelkheim am 1. April 1938 erhielt Kelkheim die Stadtrechte. Fischbach, Ruppertshain und Eppenhain kamen am 1. Januar 1977 dazu. Zur Zeit meiner Interviews mit Herrn Becker pendelte die Einwohnerzahl der nunmehr sechs Stadtteile um die 28000.

„Die sind zweigleisig dagewesen." – Integration in Kelkheim

Seppls Offenheit ist wichtig und nützlich – denn es kommt immer mal wieder zu Reibereien zwischen den Neuankömmlingen und den Alteingesessenen. Vor allem, dass unter den Flüchtlingen auch Mädchen sind, ledige und ansehnliche, sorgt für Unruhe. Die „angeln" sich dann gerne einen Mann unter den einheimischen Burschen – und das zu einer Zeit, als unversehrte Männer in ehefähigem Alter Mangelware sind. Kommt jemand von auswärts und heiratet sozusagen den Sohn „weg", auf den die Eltern im Alter setzen wollen, so gibt das häufig Schwierigkeiten, wie Josef noch erfahren soll.

Vor allem aber bildet sich in Kelkheim zunächst eine Art „Parallelgesellschaft" heraus. Zwar sind sowohl die Kelkheimer als auch die Heimatvertriebenen im Prinzip das, was Seppl als „gute Leute" kennt, die „in Ordnung" sind – aber sie laufen quasi zweigleisig nebeneinander her, selbst in der Kirche, selbst bei den Priestern. Auch die Vereine verspüren keine Notwendigkeit, auf die neuen Nachbarn zuzugehen. Seppl, der als Polizist viel mit den Flüchtlingen zu tun hat, die er überall einquartieren muss, spürt, dass sich etwas ändern muss. Als eifriges Mitglied verschiedener Vereine beginnt er, seine Kollegen zu überreden. Man brauche ein Pfarrzentrum, damit sich die Zugezogenen und die Kelkheimer treffen könnten. Wenn die Kirche aus sei, gehe jeder seiner Wege, getrennt nach Kelkheimern und Zugereisten. Um das zu ändern, brauche es zusätzliche Gemeinschaftsräume. Seppl macht sich in dieser Sache auf nach Limburg, ins Ordinariat, zum „Betteln", wie er es nennt – gern auch in Uniform, das macht Eindruck. Ein Drittel der erforderlichen Bausumme soll Kelkheim selbst aufbringen. Dafür mobilisiert Seppl die Kolpingfamilie, teilt Kelkheim in Straßen auf, schickt Leute los, die im Umgang mit Menschen Erfahrung haben. In kleinsten Beiträgen wird gesammelt – eine

Mark, fünf Mark, zehn Mark – jeder Beitrag gilt als Erfolg. Das Drittel der Summe für das neue Pfarrzentrum kann Kelkheim auf diese Art selbst aufbringen. „Und heute steht das," sagt Seppl später versonnen. „Das ist doch ein herrliches Bild."

Der erste Kelkheimer Verkehrsunfall –
Siebenfache Ausfertigung

Nicht nur die Flüchtlingseinquartierung, sondern auch der Umgang mit den Besatzern erfordert viel Fingerspitzengefühl. Zwar sind die Amerikaner den neuernannten deutschen Polizisten gegenüber durchaus großzügig. Haben diese Nachtdienst, dürfen sie sogar in die „Villa Schäfer" in der oberen Gundelhardtstraße, das amerikanische Quartier, kommen, um dort zu essen. Das ist bei den knappen Rationen daheim nicht zu unterschätzen. Es gibt nur sieben Kelkheimer Schutzpolizisten, daher haben sie häufig abwechselnd Nachtdienst. Für den ständig wechselnden Tagesrhythmus entschädigt aber ein wenig eben diese warme Mahlzeit in der „Ami-Villa".

Dagegen ist die Erstausstattung der neuen Polizeitruppe mehr als bescheiden. Neue Uniformen für deutsche Polizisten gibt es noch nicht, die alten aus der nationalsozialistischen Zeit kommen nicht mehr in Frage. Die neuen Gesetzeshüter müssen sich daher zunächst mit weißen Armbinden mit der Aufschrift „Deutsche Polizei" begnügen, die ihren amtlichen Status anzeigen sollen. Später bekommen sie dann Uniformen aus Amerika, aus den Beständen der New Yorker Polizei, komplett mit den dort üblichen achteckigen Mützen.

Während die Amerikaner bei der Ausstattung also eher sparsam sind, fordern sie andererseits einen übertrieben üppigen Schriftverkehr. Beim ersten Verkehrsunfall der Nachkriegszeit in Kelkheim stößt ein Fahrzeug der amerikanischen Besatzungsmacht mit einem Motorradfahrer aus Niederhofheim zusammen. Sage und schreibe sieben Durchschläge des Unfallprotokolls sind anzufertigen – und das bis zum nächsten Morgen, wobei ein Exemplar der amerikanischen Kommandantur in Hofheim vorzulegen ist. Einen Kopierer gibt es natürlich noch nicht, die Vervielfältigung kann nur über Kohlepapier vorgenommen werden, das für einen sechsfachen Durchschlag nicht taugt, also muss stundenlang alles mehrfach getippt werden. Unübersichtlich ist die Lage in diesem Fall auch deshalb, weil sich der Unfall in der Nähe eines kleinen Grabens ereignet, in den laut Seppl „die ganze Jauche von Münster aus" hineinfließt und in den der unglückliche Motorradfahrer mit dem Jeep hinein gerät. Das Befragen des Verunfallten und das Abfassen des Unfallberichts gestalten sich entsprechend langwierig – statt nach seinem eigentlichen Dienstschluss um sieben Uhr abends kann Seppl erst um elf oder um zwölf Uhr nachts die Haustür hinter sich schließen. Paula wundert sich schon längst nicht mehr – ihr Mann ist in der Nachkriegszeit, den „Wilden Jahren", wie sie später genannt werden, oft nachts im Einsatz unterwegs. Nicht immer ist es nur Schriftverkehr, der ihn aufhält. Besonders heikel sind die Aufträge, bei denen es um Schutz gegen Plünderungen geht.

„Da habe ich geweint!" – Einsatz gegen Plünderer

Hunger und Not prägen die ersten Nachkriegsjahre, die Rationen, die es auf Lebensmittelkarten gibt, sind äußerst knapp bemessen und langen oft kaum zum Leben. Nicht jeder hat alte „Schätze" über die Bombennächte, Flucht und Umzüge hinweggerettet und nun etwas zum Eintauschen, kann sozusagen das geerbte Tafelsilber „aufessen". Die Menschen leben von der Hand in den Mund, wer nichts für den Schwarzmarkt hat, wo horrende Tauschquoten herrschen, der versucht es auf anderem Wege. Allerdings sind die Verhältnisse auf dem Land etwas besser als in den Städten. Gerade deswegen muss man sich dort allerdings besonders vor Übergriffen vorsehen.

Selbst das Kloster der Franziskaner ist vor Plünderungen nicht gefeit. Sein Schicksal war in den letzten Jahren kein leichtes: Schon 1939 wird es geschlossen und enteignet; die Franziskaner werden für einige Tage verhaftet. Im Sommer desselben Jahres wird allen Franziskanern verboten, sich dem Kloster bis auf fünfzig Kilometer zu nähern. Da das Gebäude auf der waldigen Anhöhe liegt, wird im Kirchturm ein Beobachterposten der Flak und eine Scheinwerferbatterie eingerichtet und das Mauerwerk zum Sichtschutz vor Feindfliegern in den folgenden Kriegsjahren grün angestrichen. Im Kloster selbst werden weibliche Arbeitsdienstleistende untergebracht, die sich in den weitläufigen Räumen oft fürchten, manchmal sogar von Gespensterspuk berichten (wobei nicht klar ist, ob dem vielleicht einige Kelkheimer nachhelfen, die mit der „Neubesetzung" im Kloster nicht einverstanden sind). Von den ursprünglichen Bewohnern ist nur der Klosterhausbursche, „Kloster-Johann" genannt, verblieben, der zwar weiter freies Logis hat und sich um die Gebäude kümmern soll, in Bezug auf seine Verpflegung aber auf sich selbst angewiesen ist. Auch das Betreiben des Kindergartens im nahegelegenen Schwesternhaus auf dem Klosterberg wird von den Nationalsozialisten eingestellt, die Glocken der Kirche werden für Kriegszwecke als Metallquelle eingezogen und müssen zunächst durch ein Geläut von der Schallplatte, nach dem Krieg durch zwei Schienen als Ersatzklangkörper ersetzt werden. Mehrfach wird die Kirche bei Bombenabwürfen beschädigt, in der Nachkriegszeit müssen zunächst Sperrholzplatten die teils weiterhin fehlenden Fenster ersetzen.

Aber selbst bei Kriegsende kehrt im Kloster noch keine Ruhe ein: Vor der Ankunft der Amerikaner verlassen die Arbeitsdienstlerinnen überstürzt ihr Quartier, nur „Kloster-Johann" bleibt zurück. Der alternde Hausbursche kann aber nicht an allen Ecken zugleich sein: Kaum steht das Kloster leer, wird es von nächtlichen Dieben heimgesucht, die praktisch alles mitgehen lassen. Betten, Tische, Stühle, sogar das Geschirr verschwinden über Nacht. Bei der Besetzung des Klosters durch die Amerikaner Ende April ist schon kaum noch bewegliches Inventar vorhanden. Noch bei der Firmung, die im kommenden Jahr 1946 vorgenommen wird, muss man den Bischof in Münster unterbringen, weil die Betten im Kloster nicht ausreichen.

Ab September 1945 ist ein erster, einzelner Franziskaner vor Ort und kann, wie Seppl sich erinnert, „den Plünderern nicht wehren. Da hat der Bürgermeister salomonisch gesagt: ‚Becker, du verbringst deine Nächte jetzt im Kloster.'"

„Da habe ich geweint", gibt Seppl Jahrzehnte später offen zu. Sein Verhältnis zum Kloster geht tief, als kleiner Bub, als junger Messdiener verehrt er die Franziskaner, träumt den kurzen Traum, ihr auswärtiges Internat besuchen, vielleicht auch einmal studieren oder sogar Priester werden zu dürfen. Die Entweihung des Klosters, die Vertreibung und Verhaftung der Brüder geht ihm selbst so nahe. Nun soll er das wieder für die Kirche zurückgewonnene Kloster auch nachts besuchen, als ob er dort wohnte – aber so ganz anders, als er sich das als Kind erdacht hat. „Ich war so ein normaler Junge, Arbeitsdienst, Militär, fünf Jahre Krieg geführt. Und jetzt musste ich auf das Kloster aufpassen und gegen die Plünderer vorgehen." Unruhige Nächte sind es, die Seppl in seinem geliebten Kloster verbringt, immer horchend auf verdächtige Geräusche, Schritte, verstohlenes Hantieren an den Türen und Fenstern. Beklommenheit kommt auf – was soll er tun, wenn er wirklich einen Einbrecher, einen Plünderer überrascht? Seppl, der Menschenfreund, kann dem Einsatz von Gewalt nichts abgewinnen. Aber wie soll er sich im Ernstfall schützen und das ihm anvertraute Kloster verteidigen?

Fast noch schlimmer ist aber ein anderer Wachdienst, den Seppl in dieser gefährlichen Zeit ebenfalls übernehmen muss.

Zwar harmlos sind in der Regel die Hamsterer, die vor allem am Wochenende scharenweise in die Dörfer und ländlichen Kleinstädte einfallen, um alles Mögliche gegen Essbares zu tauschen. Viele zieht es auch aufs Land, um sich illegal Holz zu verschaffen (wobei auf jede Form von Waldfrevel schwere Strafen stehen und nur Klaubholz gesammelt werden darf) oder, sobald die Ernte beginnt, auf den Getreide- und Kartoffelfeldern nach vergessenen Ähren und Knollen zu suchen.

Manchmal gerät die Masse dabei aber auch außer Kontrolle, besonders, wenn nicht genug Arbeiter auf dem Feld sind, vielleicht die verwitwete Bäuerin mit nur einer einzigen Hilfskraft versucht, die Ernte einzubringen. Groß ist die Verlockung, wenn man die Getreidegarben, die gefüllten Kartoffelsäcke, die auf Wagen gehäuften Rüben vor sich sieht, an die leeren Kästen und Töpfe daheim denkt, den Hunger im Bauch wühlen fühlt. Viele Bauern lassen während der Ernte zumindest einen Mann mit einem scharfen Hund an der Leine unablässig jedes Feld umrunden, und die Hamsterer und Kartoffelstoppler dürfen erst auf die Scholle, sobald der letzte Wagen davongerumpelt ist. Das sind bittere Stunden für hungrige Städter, die vor allem bei der Kartoffelernte in Herbstwetter und Nieselregen bis in den Abend hinein warten müssen, mit Säcken, Schaufeln, Hacken und Körben ausgestattet unruhig die Felder umzingeln, ohne Essen im Magen, durchnässt und halb erfroren. Trotzdem muss die oft unmenschliche Wache abgehalten werden – die Bauern haben ihr Kontingent bei den Ablieferungsstellen einzufahren, von wo es dann über Geschäfte an alle, auch Alte, Kranke und Kinderreiche, die nicht „stoppeln" gehen können, mittels Lebensmittelmarken verteilt werden soll. Der Hunger treibt die Städter aufs Land – und auf dem Land muss man sich gegen plündernde Gruppen absichern.

Auch Josef fällt von Amts wegen diese Aufgabe zu – auf den Feldern gegen Bad Soden zu haben Bauern Kartoffeln gelegt. Als sich die Erntezeit nähert, werden sie der Plünderer nicht mehr Herr. Nun muss Seppl die Nächte auf den verschiedenen Kartoffelgrundstücken verbringen, jeden umschichtig aufsuchen, um für Sicherheit zu sorgen.

Auch das geht ihm nahe und kostet ihn Tränen – „Rotz und Wasser hab ich geflennt", sagt er auf gut Hessisch. Hunger und Not hat er im Krieg zur Genüge gesehen, hat die menschliche Natur in ihren einfachsten Bedürfnissen immer wieder kennengelernt. Nachts auf verzweifelte Menschen loszugehen, die nach Nahrung gieren, liegt nicht in seiner Natur. Zu seiner Frau sagt er: „Frau, Paula, das mache ich nicht mehr mit. Das ist eine unwürdige Sache. Die Leute haben Hunger, und ich muss die da jetzt vertreiben." Paula aber denkt an das Haus, die Familie – die Eltern, die versorgt werden müssen, und die Kinder, die noch kommen sollen, an die schlechten Zeiten. Sie rät: „Als Schreiner, guck doch mal, wie es denen jetzt geht! Und du willst dich selbstständig machen? Bleib Schutzmann!"

"Das hab ich meiner Frau zu verdanken!" sagt Seppl, als es ihn doch trotz aller Widrigkeiten immer wieder in seinem neuen Beruf hält, mit dem er sich nach und nach aussöhnt – zumal er ihm so viele Gelegenheiten bietet, Menschen auch etwas Gutes zu tun.

So bringt er beim nächsten Einsatz gegen die „Kartoffelstoppler" den betreffenden Bauern durch viel Überredungskunst dazu, nur so viel „Knolle auszumache", wie er für sich selbst und für die Abgabestelle braucht, und den Rest stillschweigend auf dem Acker zu lassen – ausnahmsweise einmal eine reiche Ausbeute für die hungrigen Sammler, denen Seppl nur wünschen kann, dass sie auf dem Heimweg nicht in eine der vielen Kontrollen geraten, die ihnen den ganzen Segen wieder abnehmen würde.

Schwarzmarktvieh und Schwerenöter – Nächtliche Begegnungen

Während ihm die „Stoppler" meistens aus dem Weg gehen, hat der junge Polizist Becker – nach dem Besuch der Polizeischule in Wiesbaden ab Mai 1946 offiziell Polizeiwachtmeister – manchmal andere kuriose Begegnungen auf seinen nächtlichen Streifengängen. Zwar ist Kelkheim ein ziemlich „friedliches Nest", wie er es ausdrückt, vor allem im Vergleich zum nächtlichen Frankfurt der wilden Nachkriegsjahre, wo nach Einbruch der Dunkelheit Schießereien und Raubzüge an der Tagesordnung sind. Die dortige Unterwelt ist mit Waffen wohlversehen, während sich die Frankfurter Polizei anfänglich nur mit Gummiknüppeln begnügen und später jeweils eine Pistole und ganze drei Schuss Munition teilen muss – pro Revier, wohlgemerkt. Da können auch die nächtliche Ausgangssperre und die regelmäßigen Fahrten des „Weißen Traums" nur bedingt helfen. So nennt der Frankfurter Volksmund die drei alten, mittlerweile weiß gestrichenen Fahrzeuge der Wehrmacht, die dem Überfallkommando zur Verfügung gestellt werden. Für die drei Wagen gibt es nur eine einzige Sirene, die jeweils umgesetzt und von einem Kollegen per Hand bedient werden muss. Allnächtlich kurvt der „Weiße Traum" durch Frankfurts Straßen und sammelt dort Verbrecher ein, erwischt aber in der Regel nur die „kleinen Fische". Besonders schmerzlich: Häufig reicht das Benzin nicht mehr für die Rückfahrt zum Revier, unterwegs muss man die Delinquenten absteigen lassen und zu Fuß abführen, während der „Weiße Traum" mit leerem Tank an der Straße stehenbleibt.

Josef Becker ist da doch wesentlich besser dran. Die Wege sind kürzer, meist geht es nur um Bagatelldelikte. Auch in Kelkheim gibt es anfangs keine Waffenausgabe, später bekommt aber immerhin jeder Streifenpolizist für die Nachtschicht eine Waffe. Außerdem finden sich jede Nacht drei Freiwillige in Zivil, die ihn bis zum Ende der Streife um ein Uhr nachts begleiten, durch

Kelkheim, Münster und Hornau. Danach endet die Nachtrunde der Polizisten, sie schicken die Zivilbegleiter nach Hause und setzen sich im Revier an den Schreibtisch und an die Berichte.

Eines Nachts hat Josef wieder Dienst: Vom Revier aus hört er mit einem Mal draußen auf der Gasse Schritte – erstaunlich laut und irgendwie fremdartig, nicht wie von einem, der bei nächtlichen Umtrieben nicht ertappt werden möchte, ja, nicht einmal wie von einem Menschen. Josef schaut aus dem Fenster und sieht hocherstaunt, wie eine Kuh und ein Ochse auf klappernden Hufen ganz gemütlich (und vor allem ganz allein) die Straße entlang zockeln. Hurtig eilt er auf die Gasse hinaus und packt das Rindvieh erst einmal fest beim Halfter.

Gleich gegenüber wohnt ein Bauer, den klopft der junge Polizist nun heraus. „Seppl, was is dann?" heißt es zunächst unwirsch. „Ei, guck dir des emol aa. Die zwei Rindviecher, die stell ich erst emol bei dir unter, bis der Bürgermeister entschieden hat." „Donnerwetter!" entfährt es dem Bauern bewundernd angesichts der so unerwarteten Einquartierung: „Die sind ja gut gefüttert!"

Wohlgenährtes Vieh ist in diesen Zeiten der Knappheit alles andere als eine Selbstverständlichkeit. Mit den beiden Tieren sollte es also vermutlich zum Schwarzmarkt im nahegelegenen Zeilsheim gehen. Jedenfalls ist der Eigentümer wohl „getürmt"; er lässt sich zumindest nicht ermitteln.

Nachdem Seppl beim Bürgermeister Meldung gemacht hat, trifft dieser eine salomonische Entscheidung: Er ordnet an, dass beide Tiere geschlachtet werden und das Fleisch als hochwillkommene Sonderzuteilung über die ortsansässigen Metzger ausgegeben wird. Der Erlös wandert auf ein Extrakonto, wird aber niemals beansprucht; daher ist die Schwarzmarkttheorie sicher nicht von der Hand zu weisen.

Nächtliche Einsätze Josefs sind normalerweise eher von einfacher Natur – „keine großen Delikte", wie er es nennt. Mal kommt es zu kleinen Diebstählen, einer Rauferei oder zu „Krach mit der Frau". Immer weiß Josef geschickt einzugreifen.

„Wenn mir einer seinen Namen net nennen wollt, bin ich hin, hab mich vorgestellt, und wenn er ein bißchen Anstand im Bauch hat, dann stellt er sich ja auch vor. Man muss ein bisschen Gefühl haben, auch wenn einer ein Verbrechen begangen hat. Ich bin mit allen Leuten zurechtgekommen und konnte dann mit erhobenem Haupt durch Kelkheim gehen. Ich hab keinen ans Messer geliefert."

Schwierig kann es allerdings werden, wenn eine „heikle Situation", bei der Josef sonst ja gerne diskret „Deckung sucht", trotzdem in seinen Zuständigkeitsbereich fällt, wenn sie nämlich in Verbindung mit einer Gesetzwidrigkeit steht.

Manche Kelkheimer Männer haben Nachtdienst in Höchst, schlafen tagsüber und fahren abends erst mit der Kleinbahn zur Arbeit, nicht ahnend, was sich derweil daheim abspielt. „Was hab ich da manchmal erlebt! Kaum, dass der Mann vorn beim Hoftor raus war, kam von der anderen Seite der ‚Genießer' an." So umschreibt Josef dezent den Liebhaber einer solchen „Strohwitwe". Manchmal geht die Geschichte aber auch noch weiter: Der „Genießer" nächtigt nicht nur im Ehebett, nein, nach einiger Zeit sicher geworden, bedient er sich auch noch am Portemonnaie und lässt heimlich Geld mitgehen. Irgendwann geht dem betrogenen und bestohlenen Ehemann dann doch ein Licht auf, der umgehend wutentbrannt seine Frau zur Rede stellt. Seppl wird gerufen, um die Anzeige wegen Diebstahls aufzunehmen. Väterlich sagt er: „Liebe Frau, was haben Sie denn da gemacht? Sie haben sich die Freude nebenbei gesucht." Die Ehefrau versucht sogar noch ungeschickt, ihren Liebhaber zu verteidigen, er sei es nicht gewesen, habe nichts entwendet. Becker bestellt sie daher am nächsten Abend zu einer gründlichen Vernehmung ein. Um ungestört mit ihr sprechen zu können, schickt er seinen Kollegen aus der Amtsstube fort: „Wenn die Frau X kommt, da gehst du Streife und bleibst ein paar Stunden lang weg. Ich muss die vernehmen."

Bis Mitternacht spricht Seppl mit der Betreffenden, schreibt ein seitenlanges Vernehmungsprotokoll, versucht, die Frau möglichst aus den Schwierigkeiten herauszuhalten. „So etwas darf man nicht machen", meint er. „Da geht ja die Ehe kaputt, und da war ein kleines Kind. Die Frau hat in diesen schweren Zeiten eine menschliche Schwäche gehabt. Nachher hat sie mich ja sogar gebeten, das mit ihrem Mann zu regeln, auch wenn ich den nicht umstimmen konnte, das musste sie schon selber machen. Der hatte sie ja auch vernachlässigt und war immer beim Nachtdienst gewesen. Da habe ich manchmal wie ein Pfarrer mit den Leuten gesprochen. Man soll sich suchen, finden, lange Zeit schauen, ob man zueinander passt. Heute die und morgen die – das ist doch nichts. Solche Sachen gingen mir nahe. So etwas liegt mir nicht. Bei den Soldaten hatten auch viele nebenbei etwas mit anderen Frauen. Ich hab lieber meine Freizeit genutzt und mir Athen angeguckt", schließt Seppl dann treuherzig.

Kleiner Anfang, neues Geld –
Es geht wieder aufwärts ...

Die ersten Jahre nach dem Krieg sind wirklich nicht einfach; an so vielem herrscht Mangel, oft muss man improvisieren, sich mit Wenigem begnügen. Die Zeiten sind noch arm, Lebensmittel werden wie auch im Krieg weiter rationiert. Ein Erwachsener erhält pro Woche etwa anderthalb Kilo Brot, ein halbes Pfund Hülsenfrüchte, etwa ein Pfund Nährmittel wie Sago, Reis oder Graupen, dazu hundert Gramm Margarine. Käse, Butter, Fleisch etc. kennt man fast nur in homöopathischen Dosen. Selten gibt es einmal Sonderzuteilungen, etwa kleine Mengen Bonbons oder Lebkuchen für die Kinder zum ersten Friedensweihnachtsfest.

Die Lebensmittelrationierung endet erst mit der Währungsreform. Am 20. Juni 1948 ist es soweit: Das neue Geld ist da! Bei diesem wichtigen Ereignis darf Seppl quasi in der ersten Reihe mit dabei sein. Die Scheine (Münzen waren noch nicht geprägt worden) müssen von Wiesbaden aus zur Sparkasse in Höchst gebracht und von dort aus weiterverteilt werden. Man verpackt das Geld – wie so vieles in der damaligen Zeit – in ausrangierte Munitionskisten. Zehn Millionen Mark sollen für den ganzen Kreis ausgegeben werden – eine solche Summe braucht natürlich Polizeischutz. Hinten auf der Ladefläche des LKW, der die Kisten transportiert, fährt Seppl mit; er sitzt auf Tausenden von Mark- und Pfennigscheinen, da er eine der Kisten zur Sitzgelegenheit umfunktioniert hat. Von Höchst aus gehen verschiedene Geldsendungen in die umliegenden Gemeinden; in Kelkheim gibt man das neue Geld im Café Bender an die Bevölkerung aus.

Den Tag hat Seppl nie vergessen: Es gießt wie aus Eimern, stundenlang stehen die Leute unter ihren Schirmen Schlange, bis um sechs Uhr abends die Geldausgabe endlich beendet ist. Jeder muss seine Lebensmittelkarte vorlegen, die damals als untrüglicher Identitätsnachweis gilt. Ganze vierzig Mark gibt es pro Kopf – und doch ist es ein ungeheurer Neuanfang.

Die Schwarzmarktwährung Zigarette hat schnell ausgedient; lange zurückgehaltene Ware, für die man mit dem alten Geld keinen entsprechenden Gegenwert erhalten hätte, füllt nun über Nacht die Schaufenster. Ein „Konsum" und ein „Schade & Füllgrabe" halten Einzug und sind die ersten Vorläufer großer Supermärkte. Sie bieten Waren an, die man schon lange nicht mehr gesehen hat. Die Hungerzeiten geraten allmählich in Vergessenheit.

„Des is kaa Gripp, des is Malaria!" – Nur nicht zu genau nehmen!

Ein dauerhaftes Andenken hat Seppl sich aus dem Krieg mitgebracht: Die Malaria, mit der er sich als Soldat infiziert hat, holt ihn immer mal wieder ein. Dreizehn Mal, so zählt er, taucht sie wieder auf, davon immerhin noch zweimal daheim in Kelkheim.

Die Symptome kennt er nur zu gut – Schüttelfrost, Fieber, Mattigkeit – ähnlich wie bei einer Grippe. Die Grippe ist aber meist nach acht Tagen ausgestanden – die Malaria braucht deutlich länger. Als sie sich wieder einmal meldet, ruft Seppl eine Kelkheimer Ärztin an; er braucht schließlich eine Krankmeldung. Die Ärztin wundert sich über eine so starke Grippeerkrankung bei einem noch jungen Mann. Seppl sagt unbedacht: „Des is kaa Gripp, des is Malaria!".

Die Ärztin – fasziniert von dem ersten Malariafall in ihrer gesamten Praxisgeschichte – fragt ihn gründlich aus und schreibt prompt „Malaria" in die Krankmeldung. Der Magistrat in Kelkheim will Seppl daraufhin keinen Tag länger beschäftigen. Das hält er nicht aus, schließlich ist er mittlerweile Schutzmann „mit Leib und Seele". Er ist es aber gewohnt, immer nach einem Ausweg Ausschau zu halten.

In Frankfurt gibt es beim Präsidium schon einen festen Polizeiarzt, dem er sich anvertraut:
„Herr Dr. R., ich bin nach dem Krieg bei der Polizei in Kelkheim angestellt worden und hab dene net gesagt, dass ich im Krieg Malaria hatte."
„Da haben Sie recht gehabt", sagt der Arzt in aller Gemütsruhe – schließlich sind gute Polizisten in der Nachkriegszeit rar und eine feste Anstellung ein wahrer Glücksfall.
„Und jetzt hab ich Grippe bekommen, und das war keine

Grippe, das war Malaria. Und die Ärztin, die hat sich halt gefreut, dass sie mal was anderes schreiben kann, und der Magistrat in Kelkheim – die wollen mich entlassen."

„Was? Sie sind doch Soldat im Krieg gewesen?", fragt der Arzt noch einmal nach.

„Ja", sagt Seppl, „vom ersten Tag an. Und dann auf Kreta, da hab ich mir die Malaria geholt."

„Was, Sie sind da in die ersten Stellungen reingeschickt worden? Und heute will man Sie entlassen? Das ist ja furchtbar! Ich schreibe Ihnen jetzt ein ärztliches Attest für den Magistrat."

Und der Arzt schreibt: „Bei seinem Einsatz auf Kreta hat sich Josef Becker eine Krankheit zugezogen, die Nachwirkungen hat, aber nicht zu einem frühen Tod führt." Mit dieser Bescheinigung hat er recht behalten – Seppl wird erst im achtundneunzigsten Lebensjahr sterben. Seitdem hat er auch nie wieder Malaria gehabt – oder sie unterdrückt und niemandem mehr eingestanden.

„Die Bildung entbindet uns von dieser Dummacherei!" – Alles wird anders

Bildung und Ausbildung – das, was ihm als Kind großenteils verwehrt blieb und teilweise erst im Erwachsenenalter nachgeholt werden konnte – liegt Seppl zeitlebens sehr am Herzen.

„Hoffentlich wird das fest zementiert, dass es keinen Krieg mehr gibt. Es ist schlimm, wenn sich eine Schicht von Menschen berufen fühlt, mit dem kleinen Mann Schikane zu treiben. Ich bin froh, dass es heute so viele Gymnasien gibt; die Bildung entbindet uns von dieser Dummacherei!" So sagt er im Alter mit Rückblick auf die Dreißiger und Vierziger Jahre, die ihm viel von der eigenen Jugend- und Lebenszeit genommen haben.

Den eigenen Kindern will er alles angedeihen lassen, was ihm früher nicht ermöglicht werden konnte. Tochter Christel und Sohn Bernd sollen lernen dürfen und können, was sie wollen. *„Als ich aufs Gymnasium wollte, hat mein Vater nein gesagt, und ich hab mir innerlich geschworen, meine Kinder schick ich auf die Schule, das Wissen ist das Einzige, mit dem man sich hocharbeiten kann."*

Für die Tochter ist, obwohl sie auch, wie ihr Vater, alle schulischen Voraussetzungen mitbringt, freilich das Gymnasium noch unerschwinglich; Seppl ist zu der Zeit, wie er sich ausdrückt, noch „ein kleiner Schutzmann", das Gehalt reicht hinten und vorne nicht, die Ersparnisse aus der Soldatenzeit sind für die Hypothekentilgung verwendet worden. „Christel, ich kann's nicht, ich musste das Haus übernehmen", sagt Seppl um Verständnis suchend und fühlt sich doch irgendwie schuldig; er ist in derselben Position wie seinerzeit sein eigener Vater. Dem Kind nicht die Ausbildung zu ermöglichen, für die es eigentlich geeignet wäre, geht ihm gegen den Strich – und Jahrzehnte später noch nach. Für das Gymnasium muss man damals noch hohes Schulgeld entrichten; aber die Eltern können die Tochter zumindest auf die Mittel- und dann auf die Handelsschule schicken, wo sie eine gute Ausbildung erhält. Bernd, das jüngere Kind, soll dann auch das Gymnasium besuchen. Mutter Paula ist skeptisch, sie hat gehört, dass so viele Schüler „von der Schule wieder runterkommen – und dann schäme ich mich zu Tod!" Aber sowohl die große Schwester Christel als auch Vater Seppl beharren darauf – „und er geht, und er geht, und er geht!" – und behalten recht. Bernd darf auf das Gymnasium, das mittlerweile frei von Schulgebühren ist. Beide Kinder machen beruflich ihren Weg, und auch Vater Seppl kommt endlich dazu, das Versäumte nachzuholen. Als Schutzmann macht er eine Weiterbildung: Man schickt ihn zweieinhalb Jahre nach Wiesbaden auf die Polizeischule, so dass er die Mittlere Reife nachmachen kann, die ihm früher verwehrt geblieben ist. Jeden Morgen fährt er um sechs Uhr von Kelkheim fort, mittlerweile schon mit dem eigenen Auto; das letzte Jahr verbringt er dann als Internatsschüler in Wiesbaden, da die Anforderungen so groß sind. So empfindet er nachträglich die Weigerung seines eigenen Vaters, ihn in Belgien aufs Internat gehen zu lassen, doch als einen Segen – mit Abitur wäre er vermutlich zum Offizier gemacht worden – und was wäre dann wohl im Krieg aus ihm geworden? Sein eigenes Leben fasst er daher in den schlichten Worten zusammen: *„Ich kann nur sagen, ich hab immer wieder einen guten Schutzengel gehabt, der mich an die Hand genommen hat und mich auf den rechten Pfad geführt hat."*

„Mein Kompliment, Herr Becker!" – Freude am zweiten Bildungsweg

Als Schutzmann muss Seppl nicht mehr so hart körperlich arbeiten wie als Schreiner oder als Pionier im Krieg. „Sie arbeiten vor allem mit Leuten, denen Sie die Meinung geigen oder denen Sie helfen", so fasst er es bodenständig zusammen. Vor allem das Abfassen von Berichten ist ihm aber ein Neues. „Dabei habe ich die Schreibkunst gelernt", erinnert er sich. „Bei Diebstahl oder Unfall verlangt der Staatsanwalt einen Bericht von dem Schutzmann beim ersten Einsatz; dann kriegen Sie auch eine Vorladung, wenn es zum Richter geht, und müssen Stellung beziehen zu Ihrem Bericht. In Frankfurt habe ich oft vorm Gericht gestanden. Der eine oder andere Staatsanwalt, der dann nach der Beweisaufnahme nach dem Schutzmann gesprochen hat, hat mich in den Gerichtssaal gerufen und gesagt: „Sagen Sie mal, ist die Zeichnung von Ihnen? Ist der Bericht von Ihnen? Mein Kompliment, Herr Becker, ich werde Ihren Bericht als mein Plädoyer nehmen."

Dass er aus eigener Kraft Versäumtes nachholen und damit vor den studierten Juristen bestehen kann – das freut Josef, der doch so gerne selbst studiert hätte.

Auch das akribische Zeichnen, das er als junger Mann in der Schreinerfortbildung erlernt hat, macht sich nun wieder bezahlt – es taugt nicht nur für elaborierte Entwürfe zu Renaissanceschränken, sondern auch für Skizzen zu Einbrüchen oder Verkehrsunfällen. Oft schildern ihm Kollegen einen Fall in allen Einzelheiten und bitten ihn darum, für sie nach diesen Angaben die nötigen Zeichnungen anzufertigen.

Das Zeichnen hat er während des Krieges nicht verlernt, denn dort gab es mehr als genug Gelegenheiten dazu. Nach dem Kretafeldzug wird Becker nämlich von seiner Kompanie abgestellt und einer neu aufgemachten Abteilung zugeteilt – fünfzig Leute, mit Architekt und Ingenieur. Man stellt dem jungen Seppl ein Fahrzeug zur Verfügung, er soll nun über Kreta fahren, alle Brücken aufnehmen, ausmessen und für den Einbau von Sprengungen untersuchen. So soll im Auftrag der Wehrmacht die Insel wieder in einen Nicht-Angriffs-Zustand versetzt werden.

Seppl fährt nun über die Insel, in einem einfachen Fahrzeug ohne Sicherung, ganz allein. Er hat keine Angst, man könne ihn „abknallen". Im Nachhinein sagt er noch: „So verrückt war ich!"

Wenn eine Brücke gesprengt oder auch durch die Pioniere wieder aufgebaut wird – beides kommt je nach Frontverlauf und politischer Lage regelmäßig vor –, dann muss vorher eine Zeichnung gemacht werden, maßstabsgetreu wegen der Länge der Hölzer. Auch das darf Becker wieder ausführen.

Dieses akkurate Zeichnen, bei dem es auf jedes Detail ankommt, um die Sprengladung und -wirkung richtig berechnen und einschätzen zu können, kommt ihm später als Polizist zugute.

Wechselvolles hat sein Zeichenstift berührt – Frankfurter Schränke für prachtvolle Zimmer, Pläne und Zeichnungen für Brückenbau und Sprengungen, zivile Verkehrsunfälle mit genauer Ausrichtung der Fahrzeuge – bis hin zum Weiterausbau seines Hauses, wo er im obersten Stock alles akribisch und liebevoll plant, sogar den letzten Eckkasten. Wo früher ein schmutziger Speicher war, bei dem die Ziegel schon durch die Verschalung drangen, baut sich Josef im Kelkheimer Elternhaus sein eigenes Reich aus – von den Dämmstoffen bis hin zu maßgefertigten eichernen Einbauschränken. Ein volles Jahr arbeitet er daran. Nach dem Chaos des Krieges und den vielfältigen menschlichen Irrungen und Wirrungen, denen er täglich begegnet, ist ihm das Ordnungschaffen daheim ein wahres Labsal.

Wieder daheim

Kapitel VI

Jahrzehnte des Wandels —
Auf Streife in Kelkheim,
auf Erkundung in der Welt

„Seppl, komm, mir hawwe Pilzvergiftung!" – Schwerer Einsatz

Als Streifenpolizist erlebt man allerhand Denkwürdiges. Manche Erlebnisse prägen sich dem Schutzmann tief ein – so wird er einmal zu Hilfe gerufen, als eine ganze Familie – die eines ehemaligen Schulkameraden – plötzlich schwer erkrankt. Abends um elf kommt der Anruf, Josef Becker hat gerade Dienst: „Seppl, komm, mir hawwe Pilzvergiftung!" Mehr bringen die Anrufer nicht mehr heraus. Seppl bietet sich ein trauriges Bild, als er hineilt; die ganze Familie, darunter viele kleine Kinder, ist völlig apathisch, in alle Ecken haben sich die Vergifteten geschleppt, manche sind schon nicht mehr bei Bewusstsein. Mit dem Polizeiwagen bringt man sie in höchster Eile noch nach Hofheim, doch sterben fast alle Familienmitglieder; ein falsch bestimmter Pilz im gemeinsam genossenen Gericht hat praktisch die ganze Familie ausgelöscht, obwohl sie sich doch sicher waren, alle Pilze zu kennen, und sie regelmäßig sammelten. Da konnte auch der sonst so findige Schutzmann nicht mehr helfen. Die Geschichte hat Seppl nie vergessen; aus Pietät nennt er auch in diesem Zusammenhang keinen Namen, da immer noch Verwandte leben, die er damit nicht verletzen möchte. Auch solche Erlebnisse wollen verwunden sein – für einen menschenfreundlichen Polizisten und Familienvater, der selbst Kinder hat und auf spätere Enkel hofft, kein leichter Einsatz – und doch einer von vielen, auf die er täglich gefasst sein muss.

„Da hat man dann manchmal Deckung gesucht." – Heikle Missionen

Manche Erlebnisse verlangen besondere Diskretion – und besonderes Fingerspitzengefühl. Nachts geht Josef regelmäßig Streife – und morgens gegen fünf hört er dann manchmal andere Schritte, klappernde Schritte, Frauenschritte. „Da hat man dann manchmal Deckung gesucht", sagt er später diplomatisch. Denn dann kommt eine Frau aus einer Richtung, in der sie eigentlich nicht wohnt, nachdem sie offensichtlich die Nacht anderswo verbracht hat. Seppl empfindet trotz aller frommen Gefühle immer pragmatische Nachsicht: „Ich bin ein Mensch; ich kenne das. Da kann keiner was dafür, wenn er so einen inneren Trieb hat. Dann habe ich mich diskret versteckt und habe dann alles vergessen. Das war aber schon ganz interessant!"

Besonders schwierig wird es, wenn sich Seppl nicht diskret zurückziehen kann, sondern im Gegenteil seine Einmischung verlangt wird. So nimmt sich ein Mädchen aus Münster (also nach damaligen Maßstäben quasi eine „Auswärtige") einen gutgestellten Kelkheimer, einen Weißbinder, der sich selbstständig gemacht hat, zum Freund. Als dieser nun seinen Verdienst nicht mehr bei den Eltern, sondern bei seinem Mädchen abliefert, laufen die entrüsteten Eltern spornstreichs auf die Wache zu Schutzmann Becker: „Seppl, du musst uns helfen, Seppl, du musst uns helfen!" Josef glaubt schon an einen Unglücksfall; da bekommt er aber gleich die ganze Geschichte zu hören: „Ei, unser Kall, der hat da in Münster ein Mädchen, und jetzt bringt der der alles Geld und wir, wir tun hungern. Seppl, du musst uns helfen und mit dem reden!"

Josef befürchtet einen Rausschmiss durch den energischen jungen Weißbinder, sagt aber zu, es immerhin versuchen zu wollen, ihm im Sinne seiner Eltern ins Gewissen zu reden: „Wenn ich en emol seh, dann sag ich's em." Ohne sein Wissen wird aber inzwischen dem „untreuen" Sohn von Seiten des Vaters gedroht: „Ich hab's dem Becker gesagt, und der wird dir jetzt emol die Levite lese, wart emol ab!" So ist die Sache zwar nicht gedacht, wird aber von den enttäuschten Eltern nur allzu gern so aufgefasst.

So kommt es zu dieser unerwarteten Begegnung: Gerade steht Seppl nichtsahnend auf der Kreuzung und regelt den Kelkheimer Verkehr – es läuft eben wieder eine Möbelausstellung, da ist besonders viel los –, als plötzlich „dieses tolle Mädchen", wie er anerkennend sagt, auf ihn zukommt. Mitten auf der Kreuzung nimmt sie ihn ins Gebet: „Herr Becker, was geht Sie das an? Sie sind ja nur neidisch!" Neidisch ist Josef bestimmt nicht, hat er doch seine Paula – und einmischen will er sich ja auch beileibe nicht. Nur erklären kann er das nicht, mitten auf der Kelkheimer Kreuzung, wo der Verkehr auf seine Anweisungen wartet, er sich von links nach rechts und zurück drehen muss und die weißbehandschuhten Hände schwenken soll. Er schweigt also stoisch, hofft, dass die junge Dame bald ausgeschimpft haben wird und die Umstehenden im Verkehrslärm nichts verstehen oder sowieso nicht wissen, worum es geht – auf einen Disput kann sich der sonst so wortgewandte und diplomatische Schutzmann diesmal wirklich nicht einlassen.

Das Drama, wenn jemand von „auswärts" kommt und die Söhne, also im Prinzip die Altersversicherung, einfach „ewegheiratet", ist ihm schon von verschiedenen Seiten sattsam bekannt – nicht nur durch die Ehen, die zwischen Flüchtlingen und Einheimischen geschlossen werden. Diplomatisches Schweigen ist da manchmal einfach die beste Taktik.

Selbstmörder und Schweizerreise – Der Polizist als Psychologe

Bisweilen ist es mit Schweigen aber auch nicht getan. Eine der seltsamsten Geschichten, die Josef während seiner Zeit als aktiver Polizist erlebt, trägt sich folgendermaßen zu:

Ein französischer Architekt der Moderne sucht sich Mammolshain aus, um dort ein ungewöhnliches Haus zu errichten: Allein das Wohnzimmer erhebt sich drei Stockwerke hoch, ringsum läuft eine Galerie. Dieses Bauwerk zieht einen professionellen Photographen an: Martin Hesse, den Sohn des bekannten Schriftstellers Hermann Hesse. Ganze acht Tage verbringt er damit, die moderne Architektur vor seine Linse zu nehmen. Währenddessen ist der Photograph bei der Familie eines Direktors der Hoechst AG zu

Gast, der ihm in seinem Haus bei Kelkheim ein wunderbares Abendessen serviert. Dazu gibt es auch Wein zu trinken – aber den verträgt der junge Hesse eigentlich gar nicht. Nach dem Essen gerät er dann auch mit seinem Gastgeber aneinander, der Streit wird laut und lauter. Als der kleine Sohn des Hauses aufwacht und dazukommt, stößt er mit dem erregten Martin zusammen, der ihn heftig beiseite schiebt. In Verwirrung verlässt dieser das Haus und bildet sich später ein, er habe den Buben bei diesem Zusammenstoß getötet, was zwar in keiner Weise der Wahrheit entspricht, den jungen Mann aber zur Verzweiflung treibt. Er irrt stundenlang umher, bis er schließlich in Kelkheim an der ehemaligen klassizistischen Hauptpost in der Poststraße (jetzt Friedrichstraße), wo er wohl einen Abschiedsbrief formulierte, auf den Polizisten Seppl trifft. Dieser merkt gleich, dass etwas nicht stimmt, und fragt, ob er helfen könne. „Nein", heißt es zur Antwort, „Sie können mir nicht helfen, ich habe soeben ein Kind umgebracht." Seppl ist perplex, bemüht sich aber, die Ruhe zu bewahren. „Na, dann is des unsere Sach", meint er gleich. Aber ehe er es sich versieht, stürzt sich der junge Hesse auf Seppls Dienstrevolver, den dieser an der Seite in einem Halfter trägt; anscheinend will er versuchen, sich umzubringen. „Na, da komme Se net ran!" sagt Josef energisch, dreht dem Verwirrten den Arm auf den Rücken, um weiteren Angriffen vorzubeugen, und führt ihn direkt auf die Wache ab.

Dann wendet er seinen bewährten Trick an, sich erst einmal selbst vorzustellen. Josef Becker, er sei Schutzmann in Kelkheim. Automatisch antwortet der junge Mann, sein Name sei Martin Hesse. Das hört der bereits hinzugerufene Arzt, der gleich erkennt, um wen es sich handelt – den Sohn Hermann Hesses, einen bereits namhaften Photographen.

Nun schüttet Hesse Becker sein Herz aus, zu dem er Zutrauen gefasst hat. Wieder einmal schreibt Becker ein umfangreiches

Protokoll über den ungewöhnlichen Vorfall. Zum Glück stellt sich heraus, dass das Kind ganz unverletzt geblieben ist; nur der nicht vertragene Alkohol hat die Vorstellung vorgegaukelt, es sei zu Schaden gekommen und sogar tödlich verunglückt.

Im Nachhinein ist Hesse Becker überaus dankbar und möchte ihm das auch beweisen. Er lädt ihn sogar ein, er solle ganz zu ihm nach Bern ziehen, ihm bei den Aufnahmen assistieren, er werde ihn geradezu fürstlich bezahlen. Josef kann sich einen solchen Wechsel nicht vorstellen, er sei nun einmal Schutzmann und werde auch dabei bleiben. Er reist aber privat mit der ganzen Familie auf Martin Hesses Einladung hin im Urlaub nach Bern und besucht ihn in dessen Haus.

Seppl, der früher schon so gerne Photographien sammelte, lässt sich von einem Profi nur zu gern etwas Neues beibringen, vor allem das Erstellen von Aufnahmen im Gegenlicht. Das kommt ihm dann bei seinen späteren Reisen sehr zugute. Hesse, der einen Flugschein besitzt, nimmt ihn sogar mit auf einen Rundflug über Bern und Umgebung, eine ganz neue und ungewohnte Perspektive für den jungen Polizisten.

Auch für die ungewöhnliche nächtliche Begegnung mit Hesse und die daraus erwachsende langjährige Freundschaft, die sich in regelmäßigem Briefwechsel äußert, findet Josef einfache, aber treffende Worte: „Das war ein Künstler. Das sind interessante Leute. Ich habe hohen Respekt vor Künstlern!" Die Bereitschaft, allen Menschen gegenüber erst einmal Offenheit zu zeigen, schlägt auch hier wieder eine Brücke zwischen sehr unterschiedlichen Charakteren.

Ein Führerschein aus Athen? – Reisen bildet!

Das Reisen wird zu Josefs Leidenschaft werden. Sobald er es sich leisten kann, schafft er für die Familie ein Auto an. Den Führerschein hat er bereits in seiner Soldatenzeit in Athen gemacht, beinahe hätte es sogar zum LKW-Führerschein gelangt – ein Erlebnis, das ihm für immer in Erinnerung bleibt.

Sein Schirrmeister hatte es sich damals in den Kopf gesetzt, Becker den LKW-Führerschein machen zu lassen. „Ich wollt net", erinnert sich Josef. *Der Schirrmeister gibt aber nichts darauf, Becker muss trotzdem Folge leisten. Von Piräus aus lenken sie den Lastwagen nach Athen hinein. Auf einem belebten Platz, der Seppl an die verkehrsumbrandete Frankfurter Hauptwache erinnert, um die in seiner Jugend noch die Straßenbahnen kurvten, soll er zeigen, was er kann, und nach allen Regeln der Kunst in den Kreisverkehr hineinsteuern. Prompt vergisst er aber, einen Gang zurückzuschalten und fährt mit voller Wucht geradeaus. Vor Schreck tritt er gleich auf die Bremse und würgt dann den Motor ab. Die folgende Szene hat er nie vergessen:* „Der Schirrmeister, der hat geschimpft und hat geschrien: ‚Becker, raustreten!' Und die Griechen haben schon so geguckt und einen richtigen Pulk um uns gebildet. Dann musste ich fünfmal um den LKW herumlaufen, zur Strafe, und beim fünften Mal hab ich zu dem Schirrmeister gesagt: ‚Den LKW-Führerschein können Sie sich an den Nagel hängen.' Da hat er wieder geschimpft, aber ich hab bis heute keinen LKW-Führerschein!"

Wenn Josef die Geschichte später so verschmitzt erzählt, fragt man sich unwillkürlich, ob er sich nicht vielleicht ein wenig absichtlich so ungeschickt angestellt hat – denn als Pionier auf Straßen im Partisanengebiet einen Lastwagen führen zu müssen, macht einen natürlich zu einem exponierten Ziel und erschwert es weiter, „den Kerl heimzubringen", was er sich doch fest vorgenommen hatte.

Für den PKW-Führerschein haben seine Fähigkeiten aber durchaus ausgereicht: Sobald Josef es sich leisten kann, nutzt die Becker-Familie für viele Fahrten in die nähere Umgebung, aber auch für Reisen ins europäische Ausland das eigene Auto.

Später, vor allem nach Josefs Pensionierung 1979, geht es weiter mit den Reisen, ins schöne Salzburg, zu Friedrichs Schloss Sanssouci, nach Helgoland, wo der frische Nordseewind einen frösteln macht. „Wie mer sich da vergucke kann!" erinnert sich Josef. „Sie glaabe net, wie schnell die Flut kommt!" Mit Paula besucht er den Ball der österreichischen Bundespolizei, wo sie bis morgens um fünf tanzen und die Sonne aufgehen sehen. Noch weitere Reisen werden unternommen, mit dem Flugzeug und mit dem Schiff. Eine Kreuzfahrt übers Mittelmeer findet Josef besonders schön und hätte sie sich auch mit über Neunzig noch zugetraut: „Denn das Bett fährt mit!"

In Amerika werden die Beckers den ausgewanderten Sohn besuchen, in Ägypten die Pyramiden bestaunen; sie werden sich Istanbul ansehen und die jordanische Stadt Petra, in die Josef mit seiner Paula auf zwei Eseln einreitet. Die Beckers besichtigen sich Knossos an, Seppl zeigt seiner Frau auch Kreta, dessen Schönheit er jetzt erst so richtig genießen kann. Athen wird natürlich ebenfalls besichtigt, genauso wie das ewige Rom.

Möglichst viel kennenzulernen, möglichst viel zu wissen und zu erfahren – das treibt den „Kelkheimer Bub" immer wieder in die Ferne.

„Ich bin ein ‚Verrickerle' – ein Hans Dampf in allen Gassen." – Eine neue Zeit in Kelkheim

Auch privat ist Seppl stets beschäftigt, findet immer neue Projekte und Vereine, für die er sich begeistern kann.

Schon als er klein war, hatte ihn das Franziskanerkloster fasziniert, wo er ja als Messdiener an den Gottesdiensten teilnahm. Die Franziskaner befassen sich auch mit den Belangen der Pfarrei, sind aber von ihrer Ausrichtung her vor allem ein Orden, der „nach innen lebt". Wie andere Mönchsorden auch folgen sie einem festen Tagesrhythmus von Gebeten, Ritualen und Regularien. Neuerungen in der Gemeinde fallen eher weniger in ihr Ressort. Da trifft es sich gut, dass der betriebsame Josef sich „breitschlagen" lässt und in den Kirchenvorstand eintritt. Nun gerät dort etwas in Bewegung. Das, was die alten Kirchenvorstände als gegeben hinnahmen, nach der Maxime:„Was der Pfarrer tut, ist wohlgetan", das möchte Josef ändern, mit neuem Leben erfüllen. In Kelkheim ist eine andere Zeit angebrochen – so denken auch viele damals jüngere Kelkheimer, die sich mit ihm zusammentun.

Als Schutzmann genießt er besonderes Ansehen, so überträgt ihm der Kirchenvorstand gerne viel Verantwortung. Der neue Kindergarten, das Pfarrzentrum und die neue Ausgestaltung des Klosters gehen auf Seppls Anregung zurück. Braucht man Geld, so fährt Josef nach Limburg – fünfzehn Mal insgesamt tritt er diese Fahrt an – gewitzt, wie er ist, natürlich jedes Mal in Uniform, um ordentlich Eindruck zu machen. Es gelingt ihm, für die neuen Ideen und Projekte zu werben; seine Überzeugungskraft und Überredungskunst bringen immer wieder die nötigen Mittel ein, um die Neuerungen in der Gemeinde Kelkheim zu verwirklichen.

„Ich bin ein Verrickerle – ein verrückter Kerl. Ein Hans Dampf in allen Gassen. Nicht, um mich in den Vordergrund zu stellen, sondern für die Allgemeinheit", sagt Josef bescheiden. Bei aller Umtriebigkeit geht es ihm vor allem darum, seine Kräfte in den Dienst der Gemeinde zu stellen.

Ganz besonders am Herzen liegt ihm das Kloster, das sich ja gleich oberhalb seines Hauses befindet. Abends, am Wochenende, ist es besonders schön anzuschauen, weil es dann stimmungsvoll angestrahlt wird. Auch das ist Seppls Werk – vielleicht das, das ihm persönlich am meisten bedeutet.

„So herzlich!" – Völkerverständigung und „Erleuchtung"

Wie es zur Klosterbeleuchtung kommt, die es seit den Sechziger Jahren gibt, das ist eine längere Geschichte, die ebenfalls wieder mit Josefs Reiselust zusammenhängt. Schon als Soldat konnte Josef nie verstehen, wieso es zum Krieg mit den europäischen Nachbarn kommen musste. *„Das sind doch Menschen wie wir auch"*, sagt er rückblickend immer. *„In Kelkheim, wie wir die Partnerschaften mit den anderen Städten begonnen haben, da war ich der erste, der dabei war. Das wollte ich erleben, ob die so anders sind als wir. Wir haben eine Partnerschaft mit Saint-Fons in Frankreich, das liegt bei Lyon, und da gibt es wie bei Höchst viel Industrie. Ich war mit dort und hab mich geschämt, weil wir mit so viel Herzlichkeit empfangen wurden, obwohl wir den Krieg angefangen hatten. So herzlich!"*

Eine Reise nach England, nach London und von dort nach High Wycombe, Kelkheims englischer Partnerstadt, kann Josef sich nicht leisten – aber immerhin hat er sich ja ein Familienauto zulegen können, den ersten VW. Nachdem auch das Nesthäkchen Bernd für Fahrten zu weitergelegenen Zielen alt genug ist, geht es mit der ganzen Familie Becker zunächst einmal in den Ferien nach Luxemburg. Josef möchte sehen, „wie die dort leben." Er ist erstaunt von der Schönheit und von dem Anblick der Stadt bei Nacht: Jeden Abend wird alles angestrahlt, Kirche, Aufbauten, Kasematten, in verschiedenen Farben, in grün, in braun und in gelb.

„Und dann hab ich mir gedacht: Becker, das musst du doch mit deinem Kloster auch machen!"

So kommt es auch – das Kloster, „sein" Kloster, soll noch schöner werden. Schon vor Sepps Luxemburg-Fahrt wird es frisch verputzt und weiß angestrichen. Allein diese Renovierungsarbeiten verschlingen stolze siebzigtausend Mark. Das Geld „erbettelt" Josef, wie er es selbst nennt, zur Hälfte in Kelkheim; die andere Hälfte stellt das bischöfliche Ordinariat.

„Jeden Samstagabend geht mir das Herz auf." – Kelkheim ins rechte Licht gerückt

Als Josef dann aus Luxemburg zurückkommt, bringt er seinen neuen Herzenswunsch mit. Beim nächsten Termin mit dem Kirchenvorstand schlägt er vor, das Kloster anzustrahlen. Er trifft zunächst auf große Zurückhaltung – im Kirchenvorstand sitzen vor allem Geschäftsleute, die sorgenvoll bedenken, was das wieder kosten mag. Seppl sieht ein, dass man mit den öffentlichen Geldern nicht die Kirche anstrahlen kann – er gibt aber nicht auf.

Zunächst erkundigt er sich erst einmal bei den Franziskanern, ob es ihnen recht wäre, wenn das Kloster angestrahlt wird. Denen sagt die Idee zu – schließlich wird ja zum Beispiel auch der Fuldaer Dom nachts beleuchtet – ein schönes Vorbild. Mit der Genehmigung des Klosters wandert Seppl dann weiter zum Bürgermeister. Von der MKW, dem Stromlieferant des Main-Taunus-Kreises, der heutigen SÜWAG, lässt er geschäftstüchtig erst einmal einen Kostenvoranschlag machen. Als „Hans Dampf in allen Gassen" hat er auch da Verbindungen: Mit einem der dortigen Prokuristen geht er regelmäßig kegeln.

Den bittet Josef: „Schorsch, ich bin kein Elektriker, ich bin ein Beamter, ich hab keine Ahnung, und du musst mich unterstützen." Schorsch stellt mit der Hilfe der MKW einen Kostenvoranschlag auf, der sich auf stolze neuntausend Mark beläuft.

Damit läuft Seppl wieder weiter, diesmal zum Gewerbeverein und dessen Vorsitzendem, dem es immer darauf ankommt, vor allem bei den Möbelausstellungen Kelkheim ins rechte Licht zu rücken. Auch diesen „Schorsch" kennt Josef wieder einmal persönlich – wie er ja überhaupt jeden kennt in Kelkheim und Umgebung – und schlägt ihm ein gemeinschaftliches Projekt vor: Stadt, Kirche und Gewerbeverein teilen sich die Kosten.

So gelingt es denn wirklich: Das Unternehmen kann beginnen, die Handwerker können bezahlt werden. Im August nehmen sie die Arbeit auf, gerade am Freitagabend vor der Möbelausstellung werden sie fertig. Erdarbeiten hat Seppl mit Hilfe des Kolpingvereins direkt ausführen lassen, dessen Mitglieder er auch wieder in jeweils zugeteilten Straßen auf Sammeltour geschickt hat – alles für die schöne Illumination, die ihm seit seinem Besuch in Luxemburg vorgeschwebt hat. Josef fährt mit den anderen Beteiligten abends im Main-Taunus-Kreis herum und besieht sich das angestrahlte Kloster aus den verschiedensten Blickwinkeln. „Ein Bild!" sagt er Jahrzehnte später, immer noch überwältigt. In solchen Momenten ist in ihm der kleine Bub noch wach, der beim trüben Licht von Petroleumlampe und schwachen Glühbirnen aufgewachsen ist und die von ihm so bewunderten Franziskaner verehrt hat. Für diesen Kelkheimer Bub ist die stimmungsvolle Beleuchtung „seines" Klosters wie eine Offenbarung. „Seit 1964 haben wir das Kloster angestrahlt, und es strahlt heute noch", sagt er – und strahlt dabei selbst über das ganze Gesicht. „Jeden Samstagabend, da geht mein Herz auf. So ein ‚Verrickerle' bin ich!"

Hand in Hand mit Frankreich – Süßholz für Schönheitskönigin!

Seppl ist auf den Geschmack gekommen nach seiner Luxemburgreise – er möchte mehr sehen von anderen Nationen, möchte die ehemaligen Kriegsgegner kennenlernen und die Ferne nach Kelkheim bringen. Ein offizieller Besuch mit verschiedenen Kollegen von der Polizei in der Partnerstadt Saint-Fons bietet ihm dazu die Gelegenheit. Es gibt einen großen Festzug, und bei der ebenfalls anwesenden einheimischen Schönheitskönigin raspelt er „e bissi Süßholz", während die deutschen Polizisten die Parade begleiten. Prompt wird mit französischen Wangenküssen belohnt; auch mit den Flics versteht er sich bestens. Nachdem er dort den Verkehr regeln darf, kommt ihm die Idee zur Gegeneinladung.

Die französischen Kollegen werden nun umgekehrt nach Kelkheim gebeten; 1975 kommt es dort zu einem harmonischen Treffen zwischen den beiden Nationen, passenderweise während der diesjährigen Möbelausstellung. Allenthalben heißt es „Bienvenue à Kelkheim", die Schaufenster werden in den Trikolorefarben dekoriert, den Franzosen ein großartiger Empfang bereitet. Wie zuvor bei dem Besuch in St. Fons möchte Josef als deutscher Polizist mit den auswärtigen Kollegen in ihren schicken schwarzen Uniformen gemeinsam den Verkehr regeln, aber nun in seiner Heimatstadt Kelkheim. So kommt es auch; symbolisch für die Städtepartnerschaft gehen Becker und ein französischer Kollege auf Fußstreife in Kelkheim und Fischbach, und es entstehen pressewirksame Bilder, von denen eines beide Polizisten Hand in Hand zeigt – eine deutsch-französische Freundschaft im Kleinen, die ein wenig an ähnliche Bilder mit Adenauer und De Gaulle und später Kohl und Mitterand erinnert … Man mag kaum glauben, dass es nur wenige Jahrzehnte her ist, seitdem nach dem Ende des Ersten Weltkrieges die Franzosen Kelkheim übernahmen und als Besatzungsmacht ihre Fahnen anbrachten. Vor allem, dass ein so herzliches Miteinander nach dem Zweiten Weltkrieg möglich ist, der allen ja noch deutlich in Erinnerung ist und gerade dreißig Jahre zuvor sein Ende fand, erfüllt Josef wieder und wieder mit Staunen. Die Franzosen werden bei ihren Kelkheimer Kollegen einquartiert und wie Familienmitglieder aufgenommen. *„Für uns waren es erfreuliche Tage einer menschlichen, ja freundschaftlichen Begegnung zwischen Berufskollegen, die für uns zu einem schönen Erlebnis im Rahmen unseres Dienstes wurde und die man nicht leicht vergisst"*, sagt er noch lange danach.

In der Amtsstube – Bewegung im Beruf

Josef Becker ist bis zum Ende seines Lebens besonders dankbar dafür, dass er durch seinen Beruf zu der langersehnten höheren Ausbildung gekommen ist. Auch das kommt nicht ohne sein eigenes Zutun zustande. Zwischenzeitlich wird er nach Frankfurt versetzt und „bekniet" die Vorgesetzten dort, den ganzen Personalrat und den Revierleiter Müller, der später Polizeipräsident werden wird, immer wieder, ihm einen Lehrgang zu ermöglichen, ihn auf die Polizeischule nach Wiesbaden zu schicken. Wie verschiedene andere Kollegen der ersten Stunde sieht er mit an, wie jüngere Jahrgänge ihren Polizeimeister und dann ihre Kommissarsausbildung machen und den eigenen Ausbildern über den Kopf wachsen. Da packt ihn der Ehrgeiz. „Ich bin so lange Schutzmann, war einer der ersten. Schickt mich auf die Schule nach Wiesbaden, ich schaff des net alaa", so bittet er wiederholt. Schließlich erreicht er, was er will, aber die Ausbildung in Wiesbaden kostet viel Kraft. In seinem Alter noch einmal die Schulbank zu drücken, sich in den verschiedenen Fächern beweisen zu müssen, die regelmäßigen Fahrten nach Wiesbaden zu unternehmen, all das ist für Seppl gar nicht so einfach. Er gibt aber, wie gewohnt, nicht auf und schließt die mehrjährige Ausbildung schließlich erfolgreich ab. Das Gefühl, etwas erreicht zu haben, auch das nun höhere Gehalt, das der Familie Becker ein sorgenfreieres Leben ermöglicht, sind die Belohnung für die harte Arbeit. Vom einfachen Schutzmann und Streifenbeamten bringt er es bis zum stellvertretenden Dienststellenleiter, bis er später schließlich Lagebeamter der Schutzpolizei in Frankfurt wird.

Der Polizei, seinen Kollegen und Vorgesetzten ist er dafür ewig dankbar und zeigt das auch:
So geht der Bau der neuen Kelkheimer Polizeistation auch auf sein Drängen beim damaligen dortigen Bürgermeister zurück.

Die Versetzung nach Frankfurt zum 1. Polizeirevier bringt neue, aufregende Zeiten für Josef mit sich: Die Zeit der RAF-Anschläge ist gekommen; im Frankfurter Landgericht wird ein erster wichtiger Prozess geführt, die Bewachung liegt bei den Polizisten des 1. Reviers. Im Frühjahr 1968 hatte die RAF Brandsätze in zwei Frankfurter Kaufhäusern gelegt, im Herbst wird den verhafteten Verantwortlichen der Prozess gemacht. Josef fühlt sich unbehaglich; Gewalt und sinnloses Sterben sind ihm aus dem Krieg noch in bester Erinnerung. Die Verantwortung lässt sich aber nicht ablegen; das Landgericht und der darin ablaufende Prozess müssen bestmöglich gesichert werden. Es ist erst der Anfang einer langen Geschichte – aus den ursprünglichen Brandstiftern, von denen nur einer nach der durch den Bundesgerichtshof verworfenen Revision die verhängte Strafe antritt, wird die erste Generation einer Bewegung, die dreißig Jahre lang die Gesellschaft in Atem hält und in Schrecken versetzt.

Auch Begegnungen mit amtierenden Politikern sind Josef im Gedächtnis geblieben. Als der Berliner CDU-Vorsitzende Peter Lorenz, der in den Siebzigern auch von der RAF entführt werden wird, Kelkheim einen Besuch abstattet, sind die dortigen Polizisten für seinen Schutz zuständig. „Der hat sich bei uns wohlgefühlt", sagt Josef später schlicht.

Auch den späteren Ministerpräsidenten Walter Wallmann lernt er persönlich kennen, so wie einen seiner Nachfolger: Volker Bouffier. Da ist Josef schon längst im Pensionsalter und „entschuldigt" sich gewitzt dafür, dass er durch seine Langlebigkeit das Land Hessen schon so viel Geld gekostet habe. „Das macht nichts, wenn Sie nur gesund sind!", soll Bouffier geantwortet haben, was Seppl viel Vergnügen bereitet.

„Wenn man so viel Glück hat im Leben, dann muss man auch was tun." – Das Pflichtgefühl

Viel ist erreicht worden in den späteren Jahrzehnten. Trotz aller Hindernisse und Rückschläge – die eher herbe Kindheit in bescheidenen Verhältnissen, das verhinderte Abitur und Studium, die erzwungene Lehre und der eigentlich schnell abzuleistende Militärdienst, der dann direkt in die volle Teilnahme am jahrelangen Krieg führt, die hohen Hypotheken, die es nach der Rückkehr zu tilgen gilt – trotz all dieser Erschwernisse zieht sich durch Seppls Schilderung seines Lebens als roter Faden vor allem immer die Dankbarkeit.

„Als ich vom Krieg zurückkam, da hab ich erkannt, Seppl, da hast du Glück gehabt, wenn du nach fünf Jahren an allen Gliedern gesund wieder heimkommst und hast nur Malaria, da muss jemand aufgepasst haben. Du musst dem Herrgott und deinen Mitmenschen gegenüber für die Allgemeinheit was tun. Stadtverordneter konnte ich nicht werden, weil ich Schutzmann war. Da bin ich zur Kirche und dachte: Da baust du mit auf ‚und dann gehst du in die Vereine. So möchte man was zurückgeben."

So kommt Seppl doch noch auf vielen Umwegen zum Bauen – wie schon erwähnt, etwa beim neuen Pfarrzentrum und bei der Herrichtung der Klosteranlage. Dabei bleibt es aber nicht. Über seine Vereinsarbeit, sein Engagement für die Kirche, für soziale Belange entfaltet er eine rege Tätigkeit, die verschiedenste Bereiche berührt. Die Errichtung des neuen Pfarrzentrums, die Renovierung der Stadtkapelle und die Beauftragung eines Kelkheimer Künstlers, der eine Schutzmantelmadonna erschaffen soll, gehen auf seine Initiative zurück.

Seppl möchte auch den Ursprüngen der Stadtkapelle in der Hauptstraße nachspüren – mehrfach fährt er zum Ordinariat nach Limburg, um Originalquellen einzusehen. Er wird dort in den Keller geführt, nachdem er erklärt hat, was er sucht. Stapelweise legt man ihm Unterlagen vor, lose und nicht abgeheftet, und gibt ihm den freundlichen Rat: „ ‚Dadebei, da muss des Jahrhundert drin sein, da müsse Se halt suche.' Und ich hab dagesesse, im Keller, un hab's gefunne!" freut sich Josef später, nachdem er eine eigene kleine Schrift zur Geschichte der Stadtkapelle zusammenstellen konnte.

Noch eine andere Besonderheit verbindet ihn mit dieser Stadtkapelle: Als 1967 eine von einem unbekannten Künstler gefertigte Buntsandstein-Madonna bei Renovierungen auf dem Dachboden der Kapelle entdeckt wird, gelingt es zunächst noch nicht, deren Aufstellung im Kircheninnenraum zu ermöglichen. Ganze zwanzig Jahre später schafft Seppl es im Verein mit der Kolpingfamilie und dem damaligen Pfarrer, die mittlerweile restaurierte Madonna dort wieder aufstellen zu lassen – wenn er sich auch für sie einen noch exponierteren Platz in der Marienkapelle auf dem Münsterer Friedhof wünscht.

Von Natur aus sei er ein Vereinsmensch, sagt Seppl immer – er ist Mitglied in zwei Kegelclubs und zwei Gesangsvereinen – der Euterpe und dem Liederkranz. Auch beim Kolpingwerk engagiert er sich immer wieder, in der Polizeigewerkschaft und als Pfarrgemeinderatsvorsitzender.

„Ich hab immer Glück gehabt!" Diese Aussage bezieht Seppl nicht nur auf seinen persönlichen Werdegang, sondern auch darauf, dass die verschiedenen Unternehmungen, die er in die Wege leitet, von vielen anderen unterstützt werden und von Erfolg gekrönt sind. Ein besonderes Anliegen ist ihm dabei die Unterstützung von Betrieben in der Dritten Welt. Deutschlandweit startet das Kolpingwerk in den achtziger Jahren eine Sammelaktion „Maschinen und Werkzeuge für die Dritte Welt".

Auch die Kelkheimer Kolpingfamilie beteiligt sich daran.

So sammelt Seppl alle alten Maschinen aus Schreinerbetrieben, die durch die Kelkheimer Umstellung auf Präzisionsmaschinen überflüssig geworden sind. Vom Kolpingwerk in Papenburg werden diese durch zu dieser Zeit neuangekommene Russlanddeutsche während ihres Integrationsprozesses aufbereitet und dann per Schiff nach Südamerika verschickt. Der Aufwand für die Lagerung und Verschiffung der Maschinen und vor allem für den erforderlichen Schriftverkehr ist unverhältnismäßig hoch; die über vierzig Transporte beschäftigen Seppl über acht Jahre hinweg. Manche der gutgemeinten Gaben sind aber selbst in den fernen Empfangsländern schon überholt. So spendet einmal die Hoechst AG einhundertfünfzig Schreibmaschinen, die noch in ihrer Originalverpackung stecken, weil die AG auf Computerbetrieb umstellt. Josef nimmt sie dankbar an und lässt erst einmal alle im Gartenhaus im Kloster unterstellen, dann per LKW zum Kolpingwerk nach Papenburg bringen. Nachdem die Schiffsladung nach Brasilien von dort abgegangen ist, geht in Kelkheim einen Monat später ein Telegramm ein: Man bedankt sich herzlich, wünscht aber keine Lieferung von Schreibmaschinen mehr – denn man sei dabei, auf Computerbetrieb umzustellen!

Josefs ehrenamtliche Tätigkeiten bringen ihm viele Auszeichnungen ein – sowohl seitens des Kolpingwerks als auch seitens des Limburger Bistums, dazu auch die Gagernplakette und die Ehrenspange der Stadt Kelkheim. Wenn er auch eher ein bescheidener Mensch ist und seinen persönlichen Einsatz als eine Art Dank an das Schicksal betrachtet – ein wenig Stolz überkommt ihn doch, wenn er diese Auszeichnungen betrachtet und liebevoll archiviert.

Kapitel VII

Der Lebensabend – Rückblick und Ausblick

Geschichte und Geschichten –
Die Wurzeln der Schreinerei

Obwohl Seppl seinen vom Vater bestimmten Beruf ursprünglich nur ergreift, weil eben alle seine männlichen Verwandten vor ihm bereits Schreiner gewesen sind, weil es so Tradition ist und weil er sich nicht gegen den eigenen Vater stellen kann – obwohl alle diese Gründe ihn mehr wider Willen zu diesem Handwerk gebracht haben, lässt es ihn sein ganzes Leben lang nicht los. „Man kann sich verlieben", hat er über die Schreinerei gesagt; er hat sich begeistern können für die verschiedenen Stilepochen und deren besondere Elemente; die Präzision und die Details der Zeichnungen und Entwürfe faszinieren ihn. Das einst ungeliebte Handwerk ermöglicht es ihm, das ererbte Haus und dessen Einrichtung ganz nach seinen eigenen Vorstellungen gestalten zu können, Holzart, Farbe, Stil und Verzierungen selbst zu wählen. Dies macht ihm mit den Jahren immer mehr Freude und versöhnt ihn nicht nur mit dem Schreinerhandwerk, sondern lässt ihn dessen Bedeutung für seine Familie und für seine gesamte Heimatstadt erkennen. (Mit zunehmendem Alter verlegt sich Seppls Interesse vom Praktischen auf die Theorie – er beginnt, alles zu sammeln, was er an Informationen über das Kelkheimer Schreinerhandwerk findet, hauptsächlich Zeitungsartikel. Er will wissen, wie sich Aufstieg, Stagnation, Rückschritt und Erholung der Schreinerkunst in die vielfältigen Entwicklungen Kelkheims im zwanzigsten Jahrhundert einfügen, das er zum größten Teil selbst miterlebt hat.)

Nach den Arbeiten an Treppenhaus und Oberstock und dessen Inneneinrichtung macht sich Seppl an eine neue Aufgabe: Er baut das Untergeschoss für den Sohn aus, der dort einziehen soll – mit dem Gedanken an zukünftige Enkel, die von dort aus gleich in den Garten laufen und spielen könnten. Auch deshalb zieht Josef mit seiner Paula in den ersten Stock, wo beide bis in ihre neunte Dekade die steilen Stufen meistern – irgendwann lassen sie dann doch einen Treppenlift einbauen.

Besonders hat es dem unermüdlichen Seppl der selbstgebaute Gartenpavillon angetan. Während wir dort viele Interviewstunden zubrachten, sagte er einmal: „Meinen Urlaub verbringe ich immer hier in Kelkheim. Wer könnte mir so etwas woanders bieten? Das ist mein kleines Paradies."

Josefs „kleines Paradies"

Aus den Augen und im Sinn – Die Familie

Die Vorstellung, dass Seppls Kinder und Enkel im Haus wohnen und den Garten bevölkern, wird sich nicht erfüllen – Josefs Reiselust und Abenteuerdurst hat sich offenbar auch auf die nächsten Generationen vererbt. Beruflich zieht es seinen Sohn immer wieder in andere Länder – ob nach Fernost oder nach Amerika. Dort kommt auch einer von Seppls Enkeln zur Welt. Den anderen Enkel zieht es ebenfalls in die Ferne, auch wenn seine Mutter, Seppls Tochter, in der Nähe bleibt – er arbeitet auf einem Kreuzfahrtschiff und legt in immer neuen Häfen an. Auch eine Urenkelin gibt es mittlerweile in der Familie Becker.

Josefs beide Schwestern – „Klein-Röschen" und die große Schwester Greta – sind in der Gegend geblieben, Greta heiratet nach Ruppertshain, baut ein Haus und lebt dort mit ihrer Familie. Röschen arbeitet bei der Hoechst Ag und heiratet ebenfalls, sogar zweimal. Ihr zweiter Mann stammt von weither, aus Berlin. Kinder haben die beiden keine, nach ihrer Pensionierung ziehen sie in einen Kurort – in den „ewigen Frühling", wie Seppl es nennt.

Hoch an Jahren – Erdbeertorte ohne Sahne

Wer denkt damals, bei der Kriegstrauung 1942, die nur durch die freundliche Hilfe des Standesbeamten während Josef Beckers knapper Urlaubszeit stattfinden kann, daran, dass dieser Ehe siebzig gemeinsame Jahre geschenkt werden könnten? Zur Zeit der Eheschließung weiß Paula nicht einmal, ob sie Seppl, der nun wieder nach Kreta aufbrechen muss, jemals wiedersehen wird. Wie so viele anderen Kriegsbräute und Ehefrauen bleiben ihr ein paar Photos und wenige Feldpostbriefe – und die Hoffnung, die man aufrechterhält, bis ein Polizist oder ein Priester mit verlegenem Blick an der Haustür steht.

Paula hat Glück – Seppl hat, wie er sich ausdrückt „den Kerl heimgebracht". Die gemeinsamen Jahrzehnte brachten viel Abwechslung, Schweres und auch Freudiges. Die ganze Familie Becker ist langlebig. Sepps älteste Schwester stirbt mit fünfundneunzig (nachdem sie bei ihrer vom Bett aus begangenen Jubiläumsfeier noch kräftig ihre Tochter ausgezankt hatte, die zur Erdbeertorte keine Sahne bestellt hatte). „Die hat in Ruppertshain gewohnt", sagt Josef – „und da sind wir zum Geburtstag hoch und das Mädchen (also die nun fünfundneunzigjährige Schwester Greta!) liegt im Bett, todsterbenskrank, und da schennt (schimpft) sie mit ihrer Tochter, wegen der Sahne!"

Diese Lebenskraft erfüllt auch die anderen Becker-„Kinder" – die jüngere Schwester Röschen erlebt noch ihren siebenundneunzigsten Geburtstag; im selben Alter wird auch das Nesthäkchen Seppl schließlich versterben. Nachdem zwei der fünf Geschwister in der Jugend schon den Kampf ums Leben verloren haben, harren die drei anderen aus – bedächtig, willensstark und zäh – alle bis weit in die Neunziger. Im Rückblick kann Josef es manchmal kaum glauben, dass sie alle drei es zu einem so hohen Alter gebracht haben – schließlich war ihre Kindheit alles andere als einfach oder auch nur sonderlich „gesund". Unter anderem erinnert er sich an gemeinsames Baden im Liederbach, der damals (durch die erfolgte Einleitung von Abwässern) alles andere als sauber, bzw. in Sepps Erinnerung zu dieser Zeit „eine rechte Dreckbrüh" war, inklusive intensivem Algenbewuchs und Schaumblasen. „Un mir sin trotzdem all über neunzig geworde!" sagt Seppl im Rückblick halb staunend, halb befriedigt.

Schließlich dürfen Paula und Josef Becker sogar gemeinsam ihre Gnadenhochzeit – das siebzigjährige Hochzeitsjubiläum – feiern. Dieser Tag hält eine große Überraschung für sie bereit.

„Das war schon ganz toll!" – Der Streifenwagen war noch keinen Tag alt!

Beide Ehepartner genießen dieses Ereignis. Sich erinnernd, sagt Frau Becker feierlich: *„Und als wir die Gnadenhochzeit hatten, da haben wir in der Stadtkapelle[6] einen Gottesdienst gehabt. Und als wir rauskamen, da standen die ganzen Polizisten Spalier – von der Stadtkapelle bis zu der Wirtschaft, wo wir dann gefeiert haben. So viele Polizisten – das hat ein Bekannter veranlasst. Die ganze Polizei hat ein Ehrenspalier gebildet – und das 32 Jahre nach Josefs Dienstende. Wir wussten davon gar nichts. Der Polizeidirektor vom Main-Taunus-Kreis, der war schon vorher bei uns. Er hat gesagt: ,Herr Becker, Sie waren Schutzmann. Wir haben nur Gutes von Ihnen gehört. Wir holen Sie mit einem ganz modernen Streifenwagen ab.' Der Streifenwagen war noch keinen Tag alt! Der ist morgens um halb neun hier reingefahren, dann haben sie uns in den Streifenwagen gesetzt und in die Stadtkapelle gefahren. Ich bin die Treppe runter, wir wohnen ja oben – und gleich unten vor der Haustür*

---

[6] Die Stadtkapelle – der Backsteinbau, der 1891 den alten Fachwerkbau ersetzte, den man nach dessen Abbruch in Hofheim 1771 für Kelkheim erwarb – steht immer noch an der angestammten Stelle in der Hauptstraße. Neben seinem Messdienst im Kloster war der kleine Seppl auch hier schon Ministrant, später übernahm er sogar das Amt des Küsters.

steht der Direktor und holt mich. Ich hatte meinen Stock vergessen und unten erst gedacht: ‚Jetzt hast du keinen Stock!'. Das ging aber alles sehr schnell und war schon ganz toll."

Auch Herr Becker ist glücklich, dass seine Kollegen und Nachfolger ihn nicht vergessen haben.

Sein Andenken hat schon einige Zeit überdauert: 1945 hat man ihn zum Schutzmann gemacht; mit sechzig Jahren ist er dann in den Ruhestand getreten – und das Ehrenspalier zur Gnadenhochzeit darf er kurz vor seinem dreiundneunzigsten Geburtstag abschreiten. Polizeidirektor Moog hat das außerordentliche Ehrenspalier bereitstellen lassen. *„Dass die Schutzleute organisiert wurden, das war schon einmalig. Der Autoverkehr wurde umgeleitet, und da konnten wir alle die Straße entlang gehen!"*

Ehrenspalier für das Ehepaar Becker

Die Hauptstraße, auf der die Jubiläumsgesellschaft vom Gottesdienst in der Stadtkapelle zum Festmahl beim Wirt flanierte, lädt sonst wegen ihres schmalen, auf modernen Verkehr nicht eingerichteten historischen Verlaufs nicht gerade zum Spazierengehen auf der Fahrbahn ein. Für den Ehrentag der Beckers wird eine Ausnahme gemacht – und trotz der Sperrung und der Umleitung freuen sich sicher alle Kelkheimer mit.

Obwohl Direktor Moog dem Jubelpaar die Überraschung nur kurzfristig angekündigt, hat Seppl eine kleine Rede vorbereitet, die er im Anschluss an den Gottesdienst an die versammelten Gäste hält[7]:

Dankesworte des Jubelpaares – Die Gnadenhochzeit

„Einen herzlichen Dank für eine freudige Überraschung, die uns beiden heute Morgen zuteil wurde.

Herr Polizeidirektor Jürgen Moog von der Polizeidirektion Main-Taunus hat es sich nicht nehmen lassen, uns beide in seinem Dienstwagen abzuholen und hier zum Gottesdienst zu fahren.

Auch über das Ehrenspalier der Dienststelle beider Polizeistationen des Main-Taunus-Kreises am Eingang zur Stadtkapelle haben wir uns sehr gefreut. Eine freundschaftliche und herzliche Geste einem ehemaligen Polizeikollegen gegenüber. Herzlichen Dank, Herr Moog, für diese Überraschungen. Am Schluss des Gottesdienstes werden Kollegen der Stadtpolizei die Hauptstraße absperren, so dass Sie, liebe Gäste, unbeschwert zur Gaststätte gelangen können. Danke."

---

[7] Die handschriftliche Fassung dieser Rede wurde mir von Herrn Becker freundlicherweise zugänglich gemacht.

„Mein kleines Paradies" – Ein erfülltes Leben

Sprach man mit Josef Becker, so fielen dabei immer wieder bestimmte Worte. Die häufigsten waren „wunderbar", „großartig", „einmalig". Trotz widriger Umstände und schwieriger Bedingungen – wann immer Seppl sich an sein Leben erinnerte, überwogen diese positiven Eindrücke. „In meinem Leben habe ich eine enorme Abwechslung gehabt", sagte er immer wieder, und dass er versucht habe, immer aus allem das Beste zu machen.

So manches wurde ihm wohl erst in der Retrospektive klar – auch, dass seine frühe Hinwendung zu den Franziskanern ursprünglich auf einen ganz anderen Berufs- und Berufungswunsch hindeutete. Eine Klosterjubiläumsfeier rief ihm dies besonders ins Gedächtnis, der auch der Vorsteher des Klosters beiwohnte. *„Der hätte mich auch gerne als Franziskaner gehabt"*, vertraute Seppl mir bei unserem letzten Treffen im Frühjahr 2015 an. *„Wenn die Nazis nicht gekommen wären, und alles wäre seinen Lauf gegangen – vielleicht wäre ich dann trotzdem Priester geworden. Durch die Nazis habe ich dann einen Ausgleich gesucht beim Tanzen – und habe dann doch gemerkt, dass es zweierlei Menschen gibt, und habe mich dem anderen Geschlecht zugewandt. Ich wollte kein schlechter Priester sein."* Da hatte es den jungen Josef schon zu seiner Paula hingezogen – und er erkannte, dass ein Leben hinter Klostermauern doch nicht das sei, was ihm bestimmt war.

Nachdem die Beckers gemeinsam die Gnadenhochzeit feiern konnten, blieb für Josef noch ein Wunsch offen: Die Kronjuwelenhochzeit, also 75 gemeinsame Jahre. *„Die Gnadenhochzeit hab ich schon hinter mir. Das hab ich alles schon mitgemacht – jetzt bin ich dahinter her, das (die Kronjuwelenhochzeit) auch noch zu erleben. Das verstehen Sie doch!"*

Ich versicherte ihm, dass ich das sehr gut verstehen könne. Seppl sagte damals, im Frühjahr 2015, versonnen: *„Wann mer zwei Jahr noch gesund überstehe, dann sin mer fünfundsiebzig Jahr verheirat."*

Kelkheim war für ihn sein „kleines Paradies", eine, wie er selbst einmal schrieb, „liebenswerte Stadt, ein Standort, den man sich in Deutschland schon suchen muss."

Nachwort

Die oben abgedruckte Dankesrede fand sich in dem selbst erstellten Album, in dem Herr Becker Andenken und Photos aus seinem reichen Leben gesammelt hatte. Er hielt sie anlässlich der Gnadenhochzeit, die er mit seiner Paula am 3. Januar 2012 feiern konnte. Ebenfalls dabei lag ein Zettel, auf dem Herr Becker in säuberlicher Maschinenschrift alle Hochzeitstage in Tabellenform aufgelistet hatte – von der baumwollenen Hochzeit, die nach einem Jahr gefeiert wird, an.

Baumwollene, hölzerne, kupferne, blecherne, Rosen- und Veilchenhochzeit, gläserne, porzellanene, Silber-, Perlen- und Leinwandhochzeit finden sich dort; auf die Aluminiumhochzeit folgt die Rubin-, dann die goldene Hochzeit, die diamantene, die eiserne und schließlich die Gnadenhochzeit, die das Ehepaar Becker mit so viel Freude zusammen feierte.

Nur den allerletzten Jubiläumstag, die Kronjuwelenhochzeit, haben die beiden nicht mehr gemeinsam erlebt. Dieses Jubiläum – 75 Jahre Ehe – hätte am 3. Januar 2017 stattgefunden. 2018 werden wir nun Herrn Beckers Erinnerungen veröffentlichen und damit seinem Wunsch folgen, das Vergangene zu tradieren, um der Zukunft Fehler zu ersparen, wie er sie in seinem Leben, vor allem während der Kriegszeiten, immer wieder schmerzlich hat kennenlernen müssen.

Seine Kriegserlebnisse haben den jungen Josef zum überzeugten Pazifisten und zum kosmopolitisch denkenden Menschen gemacht, der immer und überall nach dem gemeinsamen Nenner, dem Verbindenden zwischen den Menschen suchte, der sich in allen von ihm bereisten Ländern zu Hause fühlte und mit seinen vielfältigen Interessen und Vereinsprojekten Brücken schlug. „Ich bin ein interessierter Mensch; ich muss alles wissen", hat er mir einmal gesagt.

Ich wünsche ihm den Frieden, der ihm so am Herzen lag, und danke ihm für die Zeit, die ich mit ihm verbringen durfte.

*August 2018, **Katharina Schaaf***

Bildnachweis und Literatur

Außer den Abbildungen von der Firma Dichmann, dem Gasthaus „Taunusblick" und der Ansicht des Klosters wurden mir alle Bilder des Buches aus Herrn Beckers Privatbesitz für eine Veröffentlichung zur Verfügung gestellt; für die Überlassung der anderen Bilder danke ich dem Stadtarchiv Kelkheim und Herrn Dietrich Kleipa.

Zum größten Teil stützt sich meine Darstellung auf die Tonaufzeichnungen und Protokolle der Interviews mit Herrn Becker; Jahreszahlen, die er aus seiner persönlichen Erinnerung nicht mehr wiedergeben konnte, habe ich auf anderem Wege überprüft, so z.B. über die beiden Publikationen von Dietrich Kleipa „Kelkheim in alten Bildern" (Kelkheim 1978) und „Kelkheim, wie es damals war" (Kelkheim 1999). Ein Brief Josef Beckers, in dem es um die Auffindung und Geschichte der Buntsandstein-Madonna geht, wurde mir von seinem Freund Helmut Krause zugänglich gemacht.

Herangezogen habe ich zur Verifizierung ferner die Kelkheimer Chronik von Heinrich Werner, die posthum Mitte der achtziger Jahre durch Herrn Kleipa in Fortsetzungen im Kelkheimer Anzeiger veröffentlicht wurde und deren Kopien mir von Herrn Becker teilweise zugänglich gemacht wurden, sowie „Frankfurt im Feuersturm" und „Frankfurt und die drei wilden Jahre" (Frankfurt 1965 bzw. 1962) von Armin Schmidt bzw. Maren Lorei und Richard Kirn.